Humanae vitae

Der Glanz der Wahrheit

Human Life International Österreich
Europäische Ärzteaktion
(*Herausgeber*)

Humanae vitae

Der Glanz der Wahrheit

IMMACULATA VERLAG

Bibliografische Information der
Deutschen Nationalbibliothek
Die Deutsche Nationalbibliothek verzeichnet diese
Publikation in der Deutschen Nationalbibliografie;
detaillierte bibliografische Daten sind im Internet über
http://dnb.d-nb.de abrufbar

Gesamtherstellung: Müller/Sproski/Rueß
Photo Cover: www.sxc.hu

www.immaculata.at

ISBN-13: 978-3-9501458-4-7

Inhalt

Vorwort 7

Enzyklika »Humanae vitae«
von Papst Paul VI. 15

Humanae vitae – unnötige Last oder Quelle der Liebe?
von Weihbischof Andreas Laun 47

»Der Schlüssel ist Humanae vitae«
Interview mit P. D. Vincent Twomey SVD 61

Humanae vitae und Donum vitae
von Monsignore Philip J. Reilly 73

Humanae vitae – der verborgene Schatz
von Prof. Janet E. Smith 101

Das Ja der Kirche zu Liebe und Leben
von Kardinal Christoph Schönborn 113

Erkennen, was der wahre Sinn der Liebe ist
von Papst Benedikt XVI. 117

Literatur 123

Vorwort

Der Glanz der Wahrheit

»Einmal sprach ich mit Johannes Paul II. über die fast unüberwindbaren Schwierigkeiten in der Kirche. Der Papst schwieg eine Weile und sagte dann: ›Das alles hat seine Ursache in Humanae vitae‹.«[1]

Was genau meinte Johannes Paul II.?

Seit der Enzyklika Humanae vitae, die Papst Paul VI. am 25. Juli 1968 veröffentlichte, sind vierzig Jahre vergangen. Vierzig Jahre, in denen die Enzyklika zunächst geschmäht, attackiert, lächerlich gemacht, dann ins Abseits gestellt und endlich vergessen wurde. Und dennoch: Humanae vitae erwies sich, allen Versuchen der Demontage und Diskreditierung zum Trotz, als widerstandsfähig, denn die im päpstlichen Dokument dargelegte Lehre ist keine Meinung im Gewitter der Meinungen, sondern die mit Vollmacht verkündete Lehre der Kirche *Über die rechte Ordnung der Weitergabe des menschlichen Lebens*, und diese Lehre ist wahr. Und die Wahrheit bleibt.

Worum geht's?

In den fünfziger Jahren des 20. Jahrhunderts war es der medizinischen Forschung gelungen, ein Präparat zu entwickeln, daß die weibliche Fruchtbarkeit derart zu manipulieren verstand, daß die Möglichkeit einer Schwangerschaft

---

[1] So der Salzburger Alterzbischof Dr. Georg Eder im »Rupertus Blatt« vom 17.04.2005, 6.

ausgetrickst werden konnte. Die »Antibabypille«, wie der Volksmund das Präparat, als es auf den Markt kam, bald nannte, trat in den sechziger Jahren ihren Siegeszug an, versprach sie doch ungestörten Sexualgenuß ohne das leidige Nachdenken über etwaige unerwünschte Schwangerschaften. Der Siegeszug äußerte sich auch in einem beispiellosen pharmazeutischen pekuniären Gewinn. Bereits 1964, drei Jahre nach Einführung des Präparates auf dem europäischen Markt, bedeuteten 2,33 Millionen verkaufte Packungen eine Verdreifachung des Umsatzes gegenüber dem Vorjahr. Die Kontrazeption mutierte mehr und mehr zum probaten Mittel der Wahl im Ehealltag. Die Kirche, so meldeten sich Stimmen zu Wort, solle diesem euphorischen Fortschritt endlich ihr Sanctus erteilen, die Pille war schließlich die vollendete Tatsache und an dieser Tatsächlichkeit ließ sich nicht rütteln.

Papst Paul VI. rief Expertengremien ein, die aus unterschiedlichen Perspektiven die Sachlage erörtern sollten. Erst nach intensiven Beratungen ging der Papst schließlich mit der Enzyklika HUMANAE VITAE an die Öffentlichkeit. Darin hieß es nun: »(...) ist jede Handlung verwerflich, die entweder in Voraussicht oder während des Vollzugs des ehelichen Aktes oder im Anschluß an ihn beim Ablauf seiner natürlichen Auswirkungen darauf abstellt, die Fortpflanzung zu verhindern, sei es als Ziel, sei es als Mittel zum Ziel (...) Die Kirche bleibt sich und ihrer Lehre treu, wenn sie einerseits die Berücksichtigung der empfängnisfreien Zeiten durch die Gatten für erlaubt hält, andererseits den Gebrauch direkt empfängnisverhütender Mittel als immer unerlaubt verwirft« (HUMANAE VITAE Nr. 14; Nr. 16).

Das klare Votum des Papstes exakt zu einer Zeit, in der die Liberalisierung der Sexualität nun auch technisch in greifbare Nähe gerückt war, wirkte als Schock. Indem man von der

»Pillenenzyklika« sprach, versuchte man das Lehrschreiben auf ein rigides moralisches Verbot zu reduzieren und damit zu disqualifizieren. Was man geflissentlich verschwieg, war, daß nicht das Verbot der empfängnisverhütenden Mittel die Mitte des päpstlichen Lehrschreibens bildete, sondern die präzise Darlegung der Ehe, wie sie dem Schöpfungsplan und dem Wesen der Ehe entspricht. Das Nein zur Pille war kein inquisitorischer Akt, sondern die logische Konsequenz für den, der die Schönheit und Würde der Eheberufung verstanden hatte.

Paul VI. wußte, was auf dem Spiele stand. Die Entscheidung zu Humanae vitae hatte er sich in zähem Nachdenken, Beraten und Beten abgerungen. Es war eine alles fordernde, eine durchkämpfte und durchlittene Entscheidung. Eine Wallfahrt nach Fatima brachte letzte Klärung. Der Papst wußte, daß sein Wort, das er im Einklang mit der Tradition verkündete, auf Protest stoßen würde. Er wußte um das Zeichen des Widerspruchs, das sein Wort sein würde. Und er bat alle Menschen guten Willens, zumal auch seine Mitbrüder im kirchlichen Amt und die Lehrer der Moraltheologie, das Verkündete zu beherzigen und unverfälscht weiterzureichen.

Doch es kam anders. »Denn Humanae vitae«, wie Weihbischof Laun zum seinerzeitigen dreißigjährigen Jubiläum der Enzyklika schrieb, »hat nicht nur einen kurzlebigen Protest von Moraltheologen ausgelöst, sondern steht am Anfang einer großen Abfallbewegung, von der wir heute noch nicht wissen, wo sie enden wird.«[2] Der deutsche und österreichische Episkopat versuchte die Wogen der Empörung, die insbesondere von diversen Medien geschürt

---

[2] Andreas Laun, 30 Jahre »Humanae vitae« – eine Bilanz, in: Kirche heute, Nr. 10/1998, 5-8.

wurden, zu glätten, indem er in zwei Erklärungen, der deutschen *Königsteiner Erklärung* einerseits, der österreichischen *Maria-Troster-Erklärung* andererseits, die beide faktisch das päpstliche Lehrschreiben schwächten, einräumte, daß eine berechtigte Gewissenabweichung von dem im Dokument Dargelegten möglich und vertretbar sei. Selbst unterstellt, daß beide Erklärungen aus einer Hirtensorge heraus veröffentlicht wurden, so waren gleichwohl die Konsequenzen des bischöflichen Spagats katastrophal. Der Moraltheologe und Ratzingerschüler Vincent Twomey resümiert hinsichtlich der Königsteiner Erklärung (und das Gesagte gilt gleichfalls für die Maria-Troster-Erklärung des österreichischen Episkopats): »Die westdeutsche Bischofskonferenz veröffentlichte ihre etwas zweideutige Antwort auf HUMANAE VITAE in der *Königsteiner Erklärung*, mit der sie zugleich die Lehre des Papstes annahm und die Menschen ermutigte, ›ihrem Gewissen zu folgen‹, worunter zu jener Zeit eine in Widerspruch zur traditionellen, von Papst Paul VI. bestätigten Lehre stehende Handlungsweise verstanden wurde – falls diese jemand für richtig hielt. Indem sie über die Sprünge hinwegschrieben, mögen die Bischöfe die Kirche in Westdeutschland zusammengehalten haben, aber die Sprünge waren Spalten im Felsen, auf dem die Kirche erbaut ist. Und die Spalten reichten fast bis zum Abgrund.«[3]

Die Ablehnung der Enzyklika mit Berufung auf das individuelle und autonome Gewissen zeitigte – dies läßt sich retrospektiv nüchtern feststellen – einen Dammbruch, der weitere Einstürze produzierte. Unter den Schlagworten von Emanzipation und Mündigkeit fand zunehmend die Erosion des Glaubensgutes statt. Wahrheit und Freiheit rückten

[3]Vincent Twomey SVD, Benedikt XVI. Das Gewissen unserer Zeit. Ein theologisches Portrait, Augsburg 2006, 16.

in die Verfügbarkeit menschlichen Dafürhaltens. Hatte Humanae vitae empfängnisverhütende künstliche Mittel, die den sexuellen Akt gewaltsam unfruchtbar machen, verurteilt, und dies nicht aus kleinlicher Prüderie heraus, sondern um den göttlich gemeinten Glanz der menschlichen Liebe in ihrem personalen Doppelspiel von Vereinigung und Fruchtbarkeit zu verteidigen, so war es unter dem Ansturm fortschreitender ideologischer Verkürzungen des sexuellen Aktes nur mehr eine Frage der Zeit, daß das autonom sich dünkende Gewissen die Forderungen weiter schraubte, diesmal nach Freigabe der Abtreibung. Zwar ist Kontrazeption gegenüber der Abtreibung (vorausgesetzt die Kontrazeption ist keine Frühabtreibung) das geringere Übel, bedenkt man jedoch, wie Johannes Paul II. nicht müde wurde zu betonen, daß beide, Verhütung wie Abtreibung, Früchte desselben faulen Stammes sind, so enthüllt sich die Linie, die taktisch zwangsläufig von der Kontrazeption zur Abtreibung verläuft. Und nachdem Kontrazeption und Abtreibung gleichsam zu Standards des Zeitgeistes geworden waren, ging es Schlag auf Schlag weiter: In-vitro-Fertilisation (künstliche Befruchtung), Embryonenvernichtung in verbrauchender Embryonenforschung, Präimplantationsdiagnostik (PID) zur Selektion Behinderter, Euthanasie schließlich als verabreichte Tötung am Lebensende.

Paul VI. hatte sich dem Lebensanfang zugewandt. Er wußte, daß dann, wenn der Anfang, die Weitergabe des Lebens zu Beginn, verfälscht und korrumpiert wird, der Verfall menschlicher Würde einsetzt. Denn der eheliche Akt ist auf Ganzhingabe angelegt, er ist liebende Vereinigung und zugleich Offenheit für das Geschenk des Lebens. Die Verletzung des Aktes durch den künstlichen Eingriff macht aus dem bedingungslosen Bekenntnis *Ich liebe dich* einen Akt der unmenschlichen Einschränkung: *Ich liebe dich nur, wenn ...*

Damit aber ist die Liebe in ihrer wahren, ureigentlichen Bestimmung getroffen. In anderen Worten: Die Eheleute verweigern, *ein* Fleisch zu werden.

Daß der Anspruch, den HUMANAE VITAE in Erinnerung ruft und schützt, der denkbar höchste ist, stimmt. Aber dieser Anspruch ist kein äußerlicher, er ist vielmehr dem Menschen eingeschrieben. Der Mensch ist in seiner Würde als Ebenbild Gottes dazu berufen, Mitarbeiter Gottes zu sein. Die Eheleute sind dies in vorbildlicher Weise, denn ihnen ist geschenkt, schöpferisch an der Lebensquelle selbst mitwirken zu dürfen. Was hoher Anspruch ist, ist zur selben Zeit unfaßbares Geschenk. In den Herausforderungen des Alltags mag das Geschenk wie der Anspruch zuweilen verdunkelt sein. Diese Verdunkelung wird jedoch nicht hell dadurch, daß man sich resignativ ihr beugt. HUMANAE VITAE zeigt das Doppelte, in der rechten Reihenfolge: das Geschenk und den Anspruch. Und HUMANAE VITAE ermutigt in grenzenlosem Vertrauen zur Verwirklichung von beidem.

Vierzig Jahre sind seit dem Ersterscheinungsdatum der Enzyklika vergangen. Die Stimmen mehren sich heute, die HUMANAE VITAE als prophetisch bezeichnen. Die Warnungen und Gefährdungen, die Paul VI. aussprach, sind in den vergangenen vier Jahrzehnten wahr geworden - nicht wegen HUMANAE VITAE, sondern weil man HUMANAE VITAE den Rücken kehrte. Es ist höchst an der Zeit umzukehren. Johannes Paul II. sprach im Jubiläumsjahr 2000 die großen Vergebungsbitten der Kirche aus. Was spricht dagegen, daß heute, vierzig Jahre nach einer auch innerkirchlichen Geschichte der Verdrängung und Verschwiegenheit, Bischöfe öffentlich ihre Stimme für HUMANAE VITAE erheben und um Vergebung bitten für das lange, allzu lange Schweigen?

Wer die wenigen Seiten von HUMANAE VITAE liest, erkennt unschwer, daß das Schreiben die Zukunft eröffnet, die der

Mensch heute mehr denn je braucht. Die Sackgassen, in die die Ablehnung der Enzyklika geführt hat, können in einer Zeit des demographischen Abwärts' nicht länger geleugnet werden. Europa vergreist. Europa steht am Scheideweg. Wir haben die Wahl. Die Ursache ist bei HUMANAE VITAE, so Johannes Paul II. Wir laden dazu ein, das vergessene Dokument neu zu entdecken und an der Hand der kirchlichen Lehrverkündigung zu staunen und dankbar zu sein: Über die Weisheit der Mutter Kirche, über den Felsen Petri in stürmischer Zeit, über die Schönheit der ehelichen Berufung wie über die Schönheit eines jeden menschlichen Lebens.

Die Herausgeber — Wien, 25. Juli 2008

Der lateinische Text der Enzyklika findet sich in:
Acta Apostolicae Sedis 60, 1968, 481-503.

Der deutsche Text der Enzyklika HUMANAE VITAE *wurde am 15.09.1998 erstmals ins Netz gestellt. Aktualisiert am 25.02.2006. Mit Dank an Dr. theol. habil. Josef Spindelböck (www.stjosef.at).*

Papst Paul VI.

*An die ehrwürdigen Brüder die Patriarchen,
die Erzbischöfe, Bischöfe und die übrigen
Ortsordinarien, die mit dem Apostolischen Stuhl in
Frieden und Gemeinschaft leben, an den Klerus und die
Christgläubigen des ganzen katholischen Erdkreises
sowie an alle Menschen guten Willens*

Enzyklika
»Humanae vitae«

Über die rechte Ordnung der
Weitergabe des menschlichen Lebens

25. Juli 1968

Ehrwürdige Brüder, liebe Söhne und Töchter!
Gruß und Apostolischen Segen!

Die Weitergabe des Lebens

1. Die überaus ernste Aufgabe, menschliches Leben weiterzugeben, durch die die Gatten freie und bewußte Mitarbeiter des Schöpfergottes sind, erfüllt sie immer mit großer Freude; doch ist die Freude vielfach mit nicht geringen Schwierigkeiten und Bedrängnissen verbunden.

Zu allen Zeiten stellte die Erfüllung dieser Aufgabe das Gewissen der Gatten vor schwere Probleme. Die jüngste Entwicklung jedoch, die die menschliche Gesellschaft nimmt, bringt derartige Veränderungen mit sich, daß sich neue Fragen erheben, denen die Kirche sich stellen muß, weil sie aufs engste mit menschlichem Leben und Glück zusammenhängen.

I. Neue Gesichtspunkte des Problems: die Zuständigkeit des kirchlichen Lehramtes

Neue Problemstellungen

2. Die Veränderungen sind wirklich bedeutsam und verschiedenartig. Zunächst handelt es sich um die rasche Bevölkerungszunahme: viele fürchten, daß die Weltbevölkerung schneller zunimmt, als die zur Verfügung stehende Nahrung erlaubt. Dadurch wächst die Not in vielen Familien und in den Entwicklungsländern. Das kann staatliche Regierungen leicht dazu drängen, diese Gefahr mit radikalen Maßnahmen zu bekämpfen. Dazu erschweren nicht nur Arbeits-

und Wohnverhältnisse, sondern auch gesteigerte Ansprüche wirtschaftlicher Art und im Hinblick auf die Erziehung und den Unterricht der Jugend den angemessenen Unterhalt einer größeren Zahl von Kindern.

Wir erleben auch einen gewissen Wandel in der Auffassung von der Persönlichkeit der Frau und ihrer Aufgabe in der menschlichen Gesellschaft; ebenso in der Auffassung vom Wert der Gattenliebe in der Ehe und in der Beurteilung des ehelichen Verkehrs im Hinblick auf diese Liebe.

Schließlich ist vor allem der staunenswerte Fortschritt des Menschen in der Beherrschung der Naturkräfte und deren rationaler Auswertung in Betracht zu ziehen. Diese Herrschaft sucht nun der Mensch auf sein ganzes Leben auszudehnen: auf seinen Körper, seine seelischen Kräfte, auf das soziale Leben und selbst auf die Gesetze, die die Weitergabe des Lebens regeln.

3. Diese Sachlage wirft neue Fragen auf. Wäre es nicht angebracht, angesichts der gegenwärtigen Lebensverhältnisse und der Bedeutung, die der eheliche Verkehr für die Harmonie und gegenseitige Treue der Gatten hat, die heute geltenden sittlichen Normen zu überprüfen? Zumal, wenn man erwägt, daß diese unter Umständen nur unter heroischen Opfern befolgt werden können?

Könnte nicht das sogenannte Ganzheitsprinzip auf diesen Bereich angewandt werden und damit die Planung einer weniger großen, aber vernünftig geregelten Fruchtbarkeit einen physisch unfruchtbar machenden Akt in eine erlaubte und vorausschauende Geburtenlenkung verwandeln? Kann man nicht die Meinung vertreten, daß das Ziel des Dienstes an der Fortpflanzung mehr dem Eheleben als Ganzen aufgegeben sei als jedem einzelnen Akt? Man stellt auch die Frage, ob bei dem gesteigerten Verantwortungsbewußtsein des heutigen Menschen nicht die Zeit gekommen sei, wo die Weitergabe des Lebens mehr von Vernunft und freier Entscheidung bestimmt werden sollte als von gewissen biologischen Regelmäßigkeiten.

Zuständigkeit des Lehramtes

4. Zweifellos forderten solche Fragen vom kirchlichen Lehramt eine neue und vertiefte Überlegung über die Prinzipien der Ehemoral, die ihre Grundlage im natürlichen Sittengesetz haben, das durch die göttliche Offenbarung erhellt und bereichert wird.

Kein gläubiger Christ wird bestreiten, daß die Auslegung des natürlichen Sittengesetzes zur Aufgabe des kirchlichen Lehramtes gehört. Denn zweifellos hat - wie Unsere Vorgänger wiederholt ausgesprochen haben[1] - Christus Jesus, als er dem Petrus und den übrigen Aposteln an seiner göttlichen Gewalt Anteil gab und sie aussandte, alle Völker zu lehren, was er uns geboten hat[2], sie zu zuverlässigen Wächtern und Auslegern des ganzen Sittengesetzes bestellt, das heißt nicht nur des evangelischen, sondern auch des natürlichen Sittengesetzes. Denn auch das natürliche Sittengesetz bringt den Willen Gottes zum Ausdruck, und dessen treue Befolgung ist ja allen Menschen zum ewigen Heil notwendig[3].

In Erfüllung dieses Auftrags hat sich die Kirche zu allen Zeiten, besonders oft in letzter Zeit über die Natur der Ehe,

---

[1]Vgl. Pius IX., Enz. Qui pluribus, 9. Nov. 1846: Pii IX. P. M. Acta, Bd. 1, 9-10; Pius X., Enz. Singulari quadam, 24. Sept. 1912: AAS 4 (1912), 658; Pius XI., Enz. Casti connubii, 31. Dez. 1930: AAS 22 (1930), 579-581; Pius XII., Anspr. Magnificate dominum, an den katholischen Weltepiskopat, 2. Nov. 1954: AAS 46 (1954), 671-672; Johannes XXIII., Enz. Mater et magistra, 15. Mai 1961: AAS 53 (1961), 457.

[2]Vgl. Mt 28,18-19.

[3]Vgl. Mt 7,21.

über die sittlich geordnete Inanspruchnahme der ehelichen Rechte und die Pflichten der Eheleute in übereinstimmenden Dokumenten geäußert[4].

Spezielle Studien

5. Im Bewußtsein dieser gleichen Aufgabe haben Wir den von Unserm Vorgänger Johannes XXIII. im März 1963 eingesetzten Ausschuß bestätigt und erweitert. Ihm gehörten außer vielen Gelehrten aus den betreffenden Fachgebieten auch Ehepaare an. Dieser Ausschuß sollte Gutachten einholen über die Fragen, die das eheliche Leben und vor allem die sittlich geordnete Geburtenregelung aufwirft; er sollte darüber hinaus die Ergebnisse seiner Studien so vorlegen, daß das kirchliche Lehramt eine den Erwartungen nicht nur der Gläubigen, sondern auch der übrigen Welt entsprechende Antwort geben könnte[5].

---

[4]Vgl. Catechismus Romanus Concilii Tridentini, II. Teil, c. CIII; Leo XIII., Enz. Arcanum, 10. Febr. 1880: Acta Leonis XIII., 2 (1881), 26–29; Pius XI., Enz. Divini illius magistri, 31. Dez. 1929: AAS 22 (1930), 56–61; Enz. Casti connubii: AAS 22 (1930), 545–546; Pius XII., Anspr. an die italienische medizinisch-biologische Vereinigung vom hl. Lukas, 12. Nov. 1944: Anspr. und Radiobotschaften, VI, 191–192; An die katholische Vereinigung der Hebammen Italiens, 29. Okt. 1951: AAS 43 (1951), 835–854; An den Kongreß des Fronte della Famiglia und der Vereinigung der kinderreichen Familien, 28. Nov. 1951: AAS 43 (1951), 857–859; An den 7. Kongreß der internationalen Gesellschaft für Hämatologie, 12. Sept. 1958: AAS 50 (1958), 734–735; Johannes XXIII., Enz. Mater et magistra: AAS 53 (1961), 446–447; Codex Iuris Canonici, c. 1067; c. 1068, § 1; c. 1076, §§ 1–2; 2. Vatikanisches Konzil, Pastoralkonstitution Gaudium et spes, Nr. 47–52.

[5]Vgl. Anspr. Paul VI. an das Kardinalskollegium, 23. Juni 1964: AAS 56 (1964), 588; An die Kommission zum Studium der Probleme der Bevölkerung, der Familie und der Geburten, 27. März 1965: AAS 57 (1965), 388; An den Nationalkongreß der italienischen Vereinigung der Hebammen und Gynäkologen, 29. Okt. 1966: AAS 58 (1966), 1168.

Das Forschungsergebnis der Sachkundigen und die Gutachten vieler Unserer Brüder im Bischofsamt, die sie teils aus eigenem Antrieb einsandten, die teils von Uns erbeten waren, erlaubten Uns, dieses vielseitige Problem von allen Seiten aus sorgfältiger zu bedenken. Deshalb sagen Wir allen von Herzen Dank.

Die Antwort des Lehramtes

6. Die Folgerungen jedoch, zu denen der Ausschuß gelangt war, konnten für Uns kein sicheres und endgültiges Urteil darstellen, das Uns der Pflicht enthoben hätte, ein so bedeutsames Problem zum Gegenstand Unserer persönlichen Erwägung zu machen. Das war auch deshalb notwendig, weil es in der Vollversammlung des Ausschusses nicht zu einer vollen Übereinstimmung der Auffassungen über die vorzulegenden sittlichen Normen gekommen war; und vor allem, weil einige Lösungsvorschläge auftauchten, die von der Ehemoral, wie sie vom kirchlichen Lehramt bestimmt und beständig vorgelegt wurde, abwichen.

Daher wollen Wir nun nach genauer Prüfung der Uns zugesandten Akten, nach reiflicher Überlegung, nach inständigem Gebet zu Gott, in kraft des von Christus Uns übertragenen Auftrags auf diese schwerwiegenden Fragen Unsere Antwort geben.

II. Prinzipien der kirchlichen Lehre

Gesamtschau des Menschen

7. Die Frage der Weitergabe menschlichen Lebens darf – wie jede andere Frage, die das menschliche Leben angeht –

nicht nur unter biologischen, psychologischen, demographischen, soziologischen Gesichtspunkten gesehen werden; man muß vielmehr den ganzen Menschen im Auge behalten, die gesamte Aufgabe, zu der er berufen ist; nicht nur seine natürliche und irdische Existenz, sondern auch seine übernatürliche und ewige. Da nun viele, die sich für künstliche Geburtenregelung einsetzen, sich dabei auf die Forderungen der ehelichen Liebe und der verantwortlichen Elternschaft berufen, ist es nötig, diese beiden bedeutsamen Elemente des ehelichen Lebens genauer zu bestimmen und zu beleuchten. – Dabei wollen Wir vor allem zurückgreifen auf die Pastoralkonstitution »Gaudium et spes«, in der sich jüngst das Zweite Vatikanische Konzil mit sehr hoher Autorität dazu geäußert hat.

Die eheliche Liebe

8. Die eheliche Liebe zeigt sich uns in ihrem wahren Wesen und Adel, wenn wir sie von ihrem Quellgrund her sehen; von Gott, der »Liebe ist[6]«, von ihm, dem Vater, »nach dem alle Vaterschaft im Himmel und auf Erden ihren Namen trägt[7]«.

Weit davon entfernt, das bloße Produkt des Zufalls oder Ergebnis des blinden Ablaufs von Naturkräften zu sein, ist die Ehe in Wirklichkeit vom Schöpfergott in weiser Voraussicht so eingerichtet, daß sie in den Menschen seinen Liebesplan verwirklicht. Darum streben Mann und Frau durch ihre gegenseitige Hingabe, die ihnen in der Ehe eigen und ausschließlich ist, nach jener personalen Gemeinschaft, in der sie sich gegenseitig vollenden, um mit Gott

[6] Vgl. 1 Joh 4–8.
[7] Vgl. Eph 3,15.

zusammenzuwirken bei der Weckung und Erziehung neuen menschlichen Lebens.

Darüber hinaus hat für die Getauften die Ehe die hohe Würde eines sakramentalen Gnadenzeichens, und bringt darin die Verbundenheit Christi mit seiner Kirche zum Ausdruck.

Eigenart der ehelichen Liebe

9. In diesem Licht wird die besondere Eigenart und Forderung der ehelichen Liebe deutlich. Es kommt sehr darauf an, daß man davon die rechte Vorstellung hat.

An erster Stelle müssen wir sie als *vollmenschliche* Liebe sehen; das heißt als sinnenhaft und geistig zugleich. Sie entspringt darum nicht nur Trieb und Leidenschaft, sondern auch und vor allem einem Entscheid des freien Willens, der darauf hindrängt, in Freud und Leid des Alltags durchzuhalten, ja dadurch stärker zu werden: so werden dann die Gatten ein Herz und eine Seele und kommen gemeinsam zu ihrer menschlichen Vollendung.

Weiterhin ist es Liebe, *die aufs Ganze geht;* jene besondere Form personaler Freundschaft, in der die Gatten alles großherzig miteinander teilen, weder unberechtigte Vorbehalte machen noch ihren eigenen Vorteil suchen. Wer seinen Gatten wirklich liebt, liebt ihn um seiner selbst willen, nicht nur wegen dessen, was er von ihm empfängt. Und es ist seine Freude, daß er durch seine Ganzhingabe bereichern darf.

Die Liebe der Gatten ist zudem *treu und ausschließlich* bis zum Ende des Lebens; so wie sie Braut und Bräutigam an jenem Tag verstanden, da sie sich frei und klar bewußt durch das gegenseitige eheliche Jawort aneinander gebunden haben. Niemand kann behaupten, daß die Treue der Gatten –

mag sie auch bisweilen schwer werden - unmöglich sei. Im Gegenteil. Zu allen Zeiten hatte sie ihren Adel und reiche Verdienste. Beispiele sehr vieler Ehepaare im Lauf der Jahrhunderte sind der Beweis dafür: Treue entspricht nicht nur dem Wesen der Ehe, sie ist darüber hinaus eine Quelle innigen, dauernden Glücks.

Diese Liebe ist schließlich *fruchtbar,* da sie nicht ganz in der ehelichen Vereinigung aufgeht, sondern darüber hinaus fortzudauern strebt und neues Leben wecken will. »Ehe und eheliche Liebe sind ihrem Wesen nach auf die Zeugung und Erziehung von Nachkommenschaft ausgerichtet. Kinder sind gewiß die vorzüglichste Gabe für die Ehe und tragen zum Wohl der Eltern selbst sehr bei[8].«

Verantwortliche Elternschaft

10. Deshalb fordert die Liebe von den Ehegatten, daß sie ihre Aufgabe verantwortlicher Elternschaft richtig erkennen. Diese Aufgabe, auf die man heute mit gutem Recht ganz besonderen Wert legt, muß darum richtig verstanden werden. Sie muß aber unter verschiedenen berechtigten, miteinander zusammenhängenden Gesichtspunkten betrachtet werden.

Was zunächst die biologischen Vorgänge angeht, bedeutet verantwortungsbewußte Elternschaft die Kenntnis und die Beachtung der mit ihnen zusammenhängenden Funktionen. So vermag der Mensch in seinen Fortpflanzungskräften die biologischen Gesetze zu entdecken, die zur menschlichen Person gehören[9].

Was dann psychologisch Trieb und Leidenschaft betrifft,

---

[8] Vgl. 2. Vatikanisches Konzil, Pastoralkonstitution Gaudium et spes, Nr. 50.

[9] Vgl. S. Thom. Aqu., S. Th., I-II, qu. 94, a. 2.

so meint verantwortungsbewußte Elternschaft ihre erforderliche Beherrschung durch Vernunft und Willen.

Im Hinblick schließlich auf die gesundheitliche, wirtschaftliche, seelische und soziale Situation bedeutet verantwortungsbewußte Elternschaft, daß man entweder, nach klug abwägender Überlegung, sich hochherzig zu einem größeren Kinderreichtum entschließt, oder bei ernsten Gründen und unter Beobachtung des Sittengesetzes zur Entscheidung kommt, zeitweise oder dauernd auf weitere Kinder zu verzichten.

Endlich und vor allem hat verantwortungsbewußte Elternschaft einen inneren Bezug zur sogenannten objektiven sittlichen Ordnung, die auf Gott zurückzuführen ist, und deren Deuterin das rechte Gewissen ist. Die Aufgabe verantwortungsbewußter Elternschaft verlangt von den Gatten, daß sie in Wahrung der rechten Güter- und Wertordnung ihre Pflichten gegenüber Gott, sich selbst, gegenüber ihrer Familie und der menschlichen Gesellschaft anerkennen.

Daraus folgt, daß sie bei der Aufgabe, das Leben weiterzugeben, keineswegs ihrer Willkür folgen dürfen, gleichsam als hinge die Bestimmung der sittlich gangbaren Wege von ihrem eigenen und freien Ermessen ab. Sie sind vielmehr verpflichtet, ihr Verhalten auf den göttlichen Schöpfungsplan auszurichten, der einerseits im Wesen der Ehe selbst und ihrer Akte zum Ausdruck kommt, den anderseits die beständige Lehre der Kirche kundtut[10].

---

[10] Vgl. 2. Vatikanisches Konzil, Pastoralkonstitution Gaudium et spes, Nr. 50 und 51.

Achtung vor dem Wesen und der Zielsetzung des ehelichen Aktes

11. Jene Akte, die eine intime und keusche Vereinigung der Gatten darstellen und die das menschliche Leben weitertragen, sind, wie das letzte Konzil betont hat, »zu achten und zu ehren[11]«; sie bleiben auch sittlich erlaubt bei vorauszusehender Unfruchtbarkeit, wenn deren Ursache keineswegs im Willen der Gatten liegt; denn die Bestimmung dieser Akte, die Verbundenheit der Gatten zum Ausdruck zu bringen und zu bestärken, bleibt bestehen. Wie die Erfahrung lehrt, geht tatsächlich nicht aus jedem ehelichen Verkehr neues Leben hervor. Gott hat ja die natürlichen Gesetze und Zeiten der Fruchtbarkeit in seiner Weisheit so gefügt, daß diese schon von selbst Abstände in der Aufeinanderfolge der Geburten schaffen. Indem die Kirche die Menschen zur Beobachtung des von ihr in beständiger Lehre ausgelegten natürlichen Sittengesetzes anhält, lehrt sie nun, daß »jeder eheliche Akt« von sich aus auf die Erzeugung menschlichen Lebens hingeordnet bleiben muß[12].

Untrennbarkeit von liebender Vereinigung und Fortpflanzung

12. Diese vom kirchlichen Lehramt oft dargelegte Lehre gründet in einer von Gott bestimmten unlösbaren Verknüpfung der beiden Sinngehalte – liebende Vereinigung und Fortpflanzung –, die beide dem ehelichen Akt innewohnen.

---

[11] Vgl. 2. Vatikanisches Konzil, Pastoralkonstitution Gaudium et spes, Nr. 49.

[12] Vgl. Pius XI., Enz. Casti connubii: AAS 92 (1930), 560; Pius XII., Ansprache an die katholische Vereinigung der Hebammen Italiens, 29. Okt. 1951: AAS 43 (1951), 843.

Diese Verknüpfung darf der Mensch nicht eigenmächtig auflösen.

Seiner innersten Struktur nach befähigt der eheliche Akt, indem er den Gatten und die Gattin aufs engste miteinander vereint, zugleich zur Zeugung neuen Lebens, entsprechend den Gesetzen, die in die Natur des Mannes und der Frau eingeschrieben sind. Wenn die beiden wesentlichen Gesichtspunkte der liebenden Vereinigung und der Fortpflanzung beachtet werden, behält der Verkehr in der Ehe voll und ganz den Sinngehalt gegenseitiger und wahrer Liebe, und seine Hinordnung auf die erhabene Aufgabe der Elternschaft, zu der der Mensch berufen ist. Unserer Meinung nach sind die Menschen unserer Zeit durchaus imstande, die Vernunftgemäßheit dieser Lehre zu erfassen.

Treue zum Schöpfungsplan Gottes

13. Man weist ja mit Recht darauf hin, daß ein dem Partner aufgenötigter Verkehr, der weder auf sein Befinden noch auf seine berechtigten Wünsche Rücksicht nimmt, kein wahrer Akt der Liebe ist, daß solche Handlungsweise vielmehr dem widerspricht, was mit Recht die sittliche Ordnung für das Verhältnis der beiden Gatten zueinander verlangt. Ebenso muß man dann auch, wenn man darüber nachdenkt, zugeben: Ein Akt gegenseitiger Liebe widerspricht dem göttlichen Plan, nach dem die Ehe entworfen ist, und dem Willen des ersten Urhebers menschlichen Lebens, wenn er der vom Schöpfergott in ihn nach besonderen Gesetzen hineingelegten Eignung, zur Weckung neuen Lebens beizutragen, abträglich ist. Wenn jemand daher einerseits Gottes Gabe genießt und anderseits - wenn auch nur teilweise - Sinn und Ziel dieser Gabe ausschließt, handelt er somit im Widerspruch zur Natur des Mannes und der Frau und de-

ren inniger Verbundenheit; er stellt sich damit gegen Gottes Plan und heiligen Willen. Wer das Geschenk ehelicher Liebe genießt und sich dabei an die Zeugungsgesetze hält, der verhält sich nicht, als wäre er Herr über die Quellen des Lebens, sondern er stellt sich vielmehr in den Dienst des auf den Schöpfer zurückgehenden Planes. Wie nämlich der Mensch ganz allgemein keine unbeschränkte Verfügungsmacht über seinen Körper hat, so im besonderen auch nicht über die Zeugungskräfte als solche, sind doch diese ihrer innersten Natur nach auf die Weckung menschlichen Lebens angelegt, dessen Ursprung Gott ist. »Das menschliche Leben muß allen etwas Heiliges sein«, mahnt Unser Vorgänger Johannes XXIII., »denn es verlangt von seinem ersten Aufkeimen an das schöpferische Eingreifen Gottes[13].«

Unerlaubte Wege der Geburtenregelung

14. Gemäß diesen fundamentalen Grundsätzen menschlicher und christlicher Eheauffassung müssen Wir noch einmal öffentlich erklären: Der direkte Abbruch einer begonnenen Zeugung, vor allem die direkte Abtreibung – auch wenn zu Heilzwecken vorgenommen –, sind kein rechtmäßiger Weg, die Zahl der Kinder zu beschränken, und daher absolut zu verwerfen[14].

Gleicherweise muß, wie das kirchliche Lehramt des öf-

---

[13] Vgl. Johannes XXIII., Enz. Mater et magistra: AAS 53 (1961), 447.

[14] Vgl. Catechismus Romanus Concilii Tridentini, II. Teil, c. VIII; Pius XI., Enz. Casti connubii: AAS 22 (1930), 562–564; Pius XII., Anspr. an die italienische medizinisch-biologische Vereinigung vom hl. Lukas, 12. Nov. 1944: Anspr. und Radiobotschaften, VI (1944), 191–192; Ansprache an die katholische Vereinigung der Hebammen Italiens, 29. Okt. 1951: AAS 43 (1951), 842–843; 857–859; Johannes XXIII., Enz. Pacem in terris, 11. April 1963: AAS 55 (1963), 259–260; 2. Vatikanisches Konzil, Gaudium et spes, Nr. 51.

teren dargetan hat, die direkte, dauernde oder zeitlich begrenzte Sterilisierung des Mannes oder der Frau verurteilt werden[15].

Ebenso ist jede Handlung verwerflich, die entweder in Voraussicht oder während des Vollzugs des ehelichen Aktes oder im Anschluß an ihn beim Ablauf seiner natürlichen Auswirkungen darauf abstellt, die Fortpflanzung zu verhindern, sei es als Ziel, sei es als Mittel zum Ziel[16].

Man darf, um diese absichtlich unfruchtbar gemachten ehelichen Akte zu rechtfertigen, nicht als Argument geltend machen, man müsse das Übel wählen, das als das weniger schwere erscheine; auch nicht, daß solche Akte eine gewisse Einheit darstellen mit früheren oder nachfolgenden fruchtbaren Akten und deshalb an ihrer einen und gleichen Gutheit teilhaben. Wenn es auch zuweilen erlaubt ist, das kleinere sittliche Übel zu dulden, um ein größeres zu verhindern oder um etwas sittlich Höherwertiges zu fördern[17], so ist es dennoch niemals erlaubt - auch aus noch so ernsten Gründen nicht -, Böses zu tun um eines guten Zweckes willen[18]: das heißt etwas zu wollen, was seiner Natur nach die sittliche Ordnung verletzt und deshalb als des Men-

---

[15]Vgl. Pius XI., Enz. Casti connubii: AAS 22 (1930), 565; Dekret d. Hl. Off., 22. Febr. 1940, AAS 32 (1940), 73; Pius XII., Ansprache an die katholische Vereinigung der Hebammen Italiens, 29. Okt. 1951: AAS 43 (1951), 843-844; An den 7. Kongreß der internationalen Gesellschaft für Hämatologie, 12. Sept. 1958: AAS 50 (1958), 734-735.

[16]Vgl. Catechismus Romanus Concilii Tridentini, II. Teil, c. VIII; Pius XI., Enz. Casti connubii: AAS 22 (1930), 559-561; Pius XII., An die katholische Vereinigung der Hebammen Italiens, 29. Okt. 1951: AAS 43 (1951), 843; AAS 45 (1953), 674-675; An den 7. Kongreß der internationalen Gesellschaft für Hämatologie, 12. Sept. 1958: AAS 50 (1958), 734-735; Johannes XXIII., Enz. Mater et magistra: AAS 53 (1961), 447.

[17]Vgl. Pius XII., Anspr. an den Nationalkongreß der Vereinigung kath. Juristen Italiens, 6. Dez. 1953: AAS 45 (1953), 798-799.

[18]Vgl. Röm 3,8.

schen unwürdig gelten muß; das gilt auch, wenn dies mit der Absicht geschieht, das Wohl des einzelnen, der Familie oder der menschlichen Gesellschaft zu schützen oder zu fördern. Völlig irrig ist deshalb die Meinung, ein absichtlich unfruchtbar gemachter und damit in sich unsittlicher ehelicher Akt könne durch die fruchtbaren ehelichen Akte des gesamtehelichen Lebens seine Rechtfertigung erhalten.

Erlaubtheit therapeutischer Mittel

15. Die Kirche hält aber jene therapeutischen Maßnahmen, die zur Heilung körperlicher Krankheiten notwendig sind, nicht für unerlaubt, auch wenn daraus aller Voraussicht nach eine Zeugungsverhinderung eintritt. Voraussetzung dabei ist, daß diese Verhinderung nicht aus irgendeinem Grunde direkt angestrebt wird[19].

Erlaubte Inanspruchnahme unfruchtbarer Perioden

16. Allein dieser Lehre der Kirche über die Gestaltung der ehelichen Sittlichkeit halten einige heute entgegen, wie schon oben (Nr. 3) erwähnt, es sei Recht und Aufgabe der menschlichen Vernunft, die ihr von der Naturwelt dargebotenen Kräfte zu steuern und auf Ziele auszurichten, die dem Wohl des Menschen entsprechen. Ja, man fragt: Ist nicht in diesem Zusammenhang in vielen Situationen künstliche Geburtenregelung vernünftiger, wenn man nämlich damit mehr Frieden und Eintracht in der Familie erreichen und

[19] Vgl. Pius XII., Ansprache an die Teilnehmer des 26. Kongresses der italien. Gesellschaft für Urologie, 8. Juli 1953: AAS 45 (1953), 674-675; An den 7. Kongreß der internationalen Gesellschaft für Hämatologie, 12. Sept. 1958: AAS 50 (1958), 734-735.

für die Erziehung schon lebender Kinder bessere Bedingungen schaffen kann? Auf diese Frage ist entschieden zu antworten: Die Kirche ist die erste, die den Einsatz der menschlichen Vernunft anerkennt und empfiehlt, wenn es um ein Werk geht, das den vernunftbegabten Menschen so eng mit seinem Schöpfer verbindet; aber ebenso betont sie, daß man sich dabei an die von Gott gesetzte Ordnung halten muß.

Wenn also gerechte Gründe dafür sprechen, Abstände einzuhalten in der Reihenfolge der Geburten - Gründe, die sich aus der körperlichen oder seelischen Situation der Gatten oder aus äußeren Verhältnissen ergeben -, ist es nach kirchlicher Lehre den Gatten erlaubt, dem natürlichen Zyklus der Zeugungsfunktionen zu folgen, dabei den ehelichen Verkehr auf die empfängnisfreien Zeiten zu beschränken und die Kinderzahl so zu planen, daß die oben dargelegten sittlichen Grundsätze nicht verletzt werden[20].

Die Kirche bleibt sich und ihrer Lehre treu, wenn sie einerseits die Berücksichtigung der empfängnisfreien Zeiten durch die Gatten für erlaubt hält, andererseits den Gebrauch direkt empfängnisverhütender Mittel als immer unerlaubt verwirft auch wenn für diese andere Praxis immer wieder ehrbare und schwerwiegende Gründe angeführt werden. Tatsächlich handelt es sich um zwei ganz unterschiedliche Verhaltensweisen: bei der ersten machen die Eheleute von einer naturgegebenen Möglichkeit rechtmäßig Gebrauch; bei der anderen dagegen hindern sie den Zeugungsvorgang bei seinem natürlichen Ablauf. Zweifellos sind in beiden Fällen die Gatten sich einig, daß sie aus guten Gründen Kinder vermeiden wollen, und dabei möchten sie auch sicher sein.

[20]Vgl. Pius XII., Ansprache an die katholische Vereinigung der Hebammen Italiens, 29. Okt. 1951: AAS 43 (1951), 846.

Jedoch ist zu bemerken, daß nur im ersten Fall die Gatten sich in fruchtbaren Zeiten des ehelichen Verkehrs enthalten können, wenn aus berechtigten Gründen keine weiteren Kinder mehr wünschenswert sind. In den empfängnisfreien Zeiten aber vollziehen sie dann den ehelichen Verkehr zur Bezeugung der gegenseitigen Liebe und zur Wahrung der versprochenen Treue. Wenn die Eheleute sich so verhalten, geben sie wirklich ein Zeugnis der rechten Liebe.

Ernste Folgen der Methoden einer künstlichen Geburtenregelung

17. Verständige Menschen können sich noch besser von der Wahrheit der kirchlichen Lehre überzeugen, wenn sie ihr Augenmerk auf die Folgen der Methoden der künstlichen Geburtenregelung richten. Man sollte vor allem bedenken, wie bei solcher Handlungsweise sich ein breiter und leichter Weg einerseits zur ehelichen Untreue, anderseits zur allgemeinen Aufweichung der sittlichen Zucht auftun könnte. Man braucht nicht viel Erfahrung, um zu wissen, wie schwach der Mensch ist, und um zu begreifen, daß der Mensch - besonders der Jugendliche, der gegenüber seiner Triebwelt so verwundbar ist - anspornender Hilfe bedarf, um das Sittengesetz zu beobachten, und daß es unverantwortlich wäre, wenn man ihm die Verletzung des Gesetzes selbst erleichterte. Auch muß man wohl befürchten: Männer, die sich an empfängnisverhütende Mittel gewöhnt haben, könnten die Ehrfurcht vor der Frau verlieren, und, ohne auf ihr körperliches Wohl und seelisches Gleichgewicht Rücksicht zu nehmen, sie zum bloßen Werkzeug ihrer Triebbefriedigung erniedrigen und nicht mehr als Partnerin ansehen, der man Achtung und Liebe schuldet.

Schließlich ist sehr zu bedenken, welch gefährliche Macht

man auf diese Weise jenen staatlichen Behörden in die Hand gäbe, die sich über sittliche Grundsätze hinwegsetzen. Wer könnte es Staatsregierungen verwehren, zur Überwindung der Schwierigkeiten ihrer Nationen für sich in Anspruch zu nehmen, was man Ehegatten als erlaubte Lösung ihrer Familienprobleme zugesteht? Wer könnte Regierungen hindern, empfängnisverhütende Methoden zu fördern, die ihnen am wirksamsten zu sein scheinen, ja sogar ihre Anwendung allgemein vorzuschreiben, wo immer es ihnen notwendig erscheint? Auf diese Weise könnte es geschehen, daß man, um Schwierigkeiten persönlicher, familiärer oder sozialer Art, die sich aus der Befolgung des göttlichen Gesetzes ergeben, zu vermeiden, es dem Ermessen staatlicher Behörden zugestände, sich in die ganz persönliche und intime Aufgabe der Eheleute einzumischen.

Will man nicht den Dienst an der Weitergabe des Lebens menschlicher Willkür überlassen, dann muß man für die Verfügungsmacht des Menschen über den eigenen Körper und seine natürlichen Funktionen unüberschreitbare Grenzen anerkennen, die von niemand, sei es Privatperson oder öffentliche Autorität, verletzt werden dürfen. Diese Grenzen bestimmen sich einzig aus der Ehrfurcht, die dem menschlichen Leibe in seiner Ganzheit und seinen natürlichen Funktionen geschuldet wird: und zwar entsprechend den oben dargelegten Grundsätzen und dem recht verstandenen sogenannten Ganzheitsprinzip, so wie es Unser Vorgänger Pius XII. erläutert hat[21].

---

[21] Vgl. Pius XII., Ansprache an die Teilnehmer des 26. Kongresses der italien. Gesellschaft für Urologie, 8. Juli 1953: AAS 45 (1953), 674-675; AAS 48 (1956), 461-462.

Die Kirche als Garant der wahren Werte des Menschen

18. Es ist vorauszusehen, daß vielleicht nicht alle diese überkommene Lehre ohne weiteres annehmen werden; es werden sich, verstärkt durch die modernen Kommunikationsmittel, zu viele Gegenstimmen gegen das Wort der Kirche erheben. Die Kirche aber, die es nicht überrascht, daß sie ebenso wie ihr göttlicher Stifter gesetzt ist »zum Zeichen, dem widersprochen wird[22]«, steht dennoch zu ihrem Auftrag, das gesamte Sittengesetz, das natürliche und evangelische, demütig, aber auch fest zu verkünden.

Die Kirche ist ja nicht Urheberin dieser beiden Gesetze; sie kann deshalb darüber nicht nach eigenem Ermessen entscheiden, sondern nur Wächterin und Auslegerin sein; niemals darf sie etwas für erlaubt erklären, was in Wirklichkeit unerlaubt ist, weil das seiner Natur nach dem wahren Wohl des Menschen widerspricht.

Indem sie das eheliche Sittengesetz unverkürzt wahrt, weiß die Kirche sehr wohl, daß sie zum Aufbau echter menschlicher Kultur beiträgt; darüber hinaus spornt sie den Menschen an, sich nicht seiner Verantwortung dadurch zu entziehen, daß er sich auf technische Mittel verläßt; damit sichert sie die Würde der Eheleute. Indem die Kirche so dem Beispiel und der Lehre unseres göttlichen Erlösers getreu vorgeht, zeigt sie, daß ihre aufrichtige und uneigennützige Liebe den Menschen begleitet: sie will ihm helfen in dieser Welt, daß er wirklich als Kind am Leben des lebendigen Gottes teilhat, der aller Menschen Vater ist[23].

---

[22] Vgl. Lk 2,34.
[23] Vgl. Paul VI., Enz. Populorum progressio, 26. März 1967, Nr. 21.

III. Seelsorgliche Richtlinien

Die Kirche als Mutter und Lehrmeisterin

19. Unsere Worte wären nicht der volle und deutliche Ausdruck der Gedanken und Sorgen der Kirche, der Mutter und Lehrmeisterin aller Völker, wenn sie den Menschen, die sie zur treuen Befolgung von Gottes Gebot über die Ehe auffordern, nicht auch in den schweren Situationen, unter denen heute Familien und Völker leiden, Hilfen böten bei der Durchführung einer sittlich geordneten Geburtenregelung. Die Kirche kann sich ja zu den Menschen nicht anders verhalten als unser göttlicher Erlöser: sie kennt die Schwachheit der Menschen, sie hat Erbarmen mit den Scharen, sie nimmt sich der Sünder an; sie muß aber jenes Gesetz lehren, das wirklich das Gesetz des menschlichen Lebens ist: jenes Lebens, das auf seine ursprüngliche Wahrheit zurückgeführt, von Gottes Geist bewegt wird[24].

Möglichkeit der Beobachtung des göttlichen Gesetzes

20. Die Verwirklichung der Lehre über die rechte Geburtenregelung, die die Kirche als Gottes Gebot selbst verkündet, erscheint zweifellos vielen schwer, ja sogar ganz unmöglich. Aber wie jedes besonders hohe und wertvolle Gut verlangt dieses Gesetz vom einzelnen Menschen, von der Familie und von der menschlichen Gesellschaft feste Entschlüsse und viele Anstrengungen. Ja, seine Befolgung ist nicht möglich ohne die helfende Gnade Gottes, die den guten Willen des Menschen stützt und stärkt. Wer aber tiefer nachdenkt, wird erkennen, daß diese Anstrengungen

---

[24] Vgl. Röm 8.

die Würde des Menschen erhöhen und beitragen zum Wohl der menschlichen Gesellschaft.

Selbstbeherrschung

21. Sittlich geordnete Geburtenregelung aber verlangt von den Gatten vor allem eine volle Anerkennung und Wertschätzung der wahren Güter des Lebens und der Familie, ferner eine ständige Bemühung um allseitige Beherrschung ihrer selbst und ihres Trieblebens. Ganz sicher ist diese geistige Herrschaft über den Naturtrieb ohne Askese nicht möglich. Nur so vermag man die dem ehelichen Leben eigentümlichen Ausdrucksformen der Liebe in Einklang zu bringen mit der rechten Ordnung. Das gilt besonders für jene Zeiten, in denen man Enthaltsamkeit üben muß. Solche Selbstzucht, Ausdruck ehelicher Keuschheit, braucht keineswegs der Gattenliebe zu schaden; sie erfüllt sie vielmehr mit einem höheren Sinn für Menschlichkeit. Solche Selbstzucht verlangt zwar beständiges Sich-Mühen; ihre heilsame Kraft aber führt die Gatten zu einer volleren Entfaltung ihrer selbst und macht sie reich an geistlichen Gütern. Sie schenkt der Familie wahren Frieden und hilft, auch sonstige Schwierigkeiten zu meistern. Sie fördert bei den Gatten gegenseitige Achtung und Besorgtsein füreinander; sie hilft den Eheleuten, ungezügelte Selbstsucht, die der wahren Liebe widerspricht, zu überwinden, sie hebt bei ihnen das Verantwortungsbewußtsein für die Erfüllung ihrer Aufgaben. Sie verleiht den Eltern bei der Erziehung der Kinder eine innerlich begründete, wirkungsvollere Autorität: dementsprechend werden dann Kinder und junge Menschen mit fortschreitendem Alter zu den wahren menschlichen Werten die rechte Einstellung bekommen und die Kräfte ihres Geistes und ihrer Sinne in glücklicher Harmonie entfalten.

Schaffung einer für die Keuschheit gedeihlichen Atmosphäre

22. Bei dieser Gelegenheit wollen Wir die Erzieher und alle, die für das Gemeinwohl der menschlichen Gesellschaft verantwortlich sind, an die Notwendigkeit erinnern, ein Klima zu schaffen, das geschlechtlich zuchtvolles Verhalten begünstigt. So überwindet wahre Freiheit Ungebundenheit durch Wahrung der sittlichen Ordnung.

Alle, denen der Fortschritt der menschlichen Kultur und der Schutz der wesentlichen Güter der Seele am Herzen liegt, müssen einstimmig verurteilen, was bei den modernen Massenmedien dazu beiträgt, die Sinne aufzupeitschen und Sittenverfall zu verbreiten, ebenso jede Form von Pornographie in Schrift, Wort und Darstellung. Man soll doch nicht versuchen, solche Entartung mit Berufung auf Kunst und Wissenschaft zu rechtfertigen[25] oder mit dem Hinweis auf die Freiheit, die vielleicht in diesem Bereich die staatlichen Stellen gewähren.

Appell an die staatlichen Behörden

23. Daher richten Wir das Wort an die Regierungen, denen vor allem die Verantwortung für den Schutz des Gemeinwohls obliegt und die soviel zur Wahrung der guten Sitten beitragen können: Duldet niemals, daß die guten Sitten eurer Völker untergraben werden; verhindert unter allen Umständen, daß durch Gesetze in die Familie, die Keimzelle des Staates, Praktiken eindringen, die zum natürlichen und göttlichen Gesetz im Widerspruch stehen. Um das Problem des Bevölkerungszuwachses zu lösen, kann und muß die

[25]Vgl. 2. Vatikanisches Konzil, Dekret Inter mirifica über die sozialen Kommunikationsmittel, Nr. 6-7.

staatliche Gewalt einen anderen Weg gehen: den einer weisen und vorausschauenden Familien- und Bildungspolitik, die das Sittengesetz und die Freiheit der Bürger sicherstellt.

Wir wissen sehr wohl um die Schwierigkeiten, die hier die Regierungen haben, zumal in den Entwicklungsländern. Unser Verständnis für diese begründeten Sorgen beweist Unsere Enzyklika »Populorum progressio«. Hier aber wiederholen Wir mit Unserem Vorgänger Johannes XXIII.: »Bei Behandlung und Lösung dieser Fragen darf der Mensch weder Wege gehen noch Mittel anwenden, die im Widerspruch zu seiner Würde stehen, wie sie von jenen ungescheut angeboten werden, die vom Menschen und seinem Leben rein materialistisch denken. Unserer Überzeugung nach läßt sich die Frage nur lösen, wenn beim wirtschaftlichen und gesellschaftlichen Fortschritt sowohl der einzelnen wie des ganzen Menschheitsgeschlechtes die echt menschlichen Güter und Werte geachtet und gemehrt werden[26].«

Sehr zu Unrecht würde man die göttliche Vorsehung für das verantwortlich machen, was im Gegenteil eine Folge kurzsichtiger Politik ist, mangelnden Sinns für soziale Gerechtigkeit, selbstsüchtiger Bereicherung, schließlich fauler Nachlässigkeit in der Übernahme von Anstrengungen, die ein Volk mit all seinen Bürgern zu höherem Lebensstandard führen könnten[27]. Möchten doch alle Verantwortlichen, auf die es ankommt - wie es einige schon ausgezeichnet tun -, immer wieder mit allen Kräften ans Werk gehen. Man darf nicht nachlassen im Eifer, sich innerhalb der großen Menschenfamilie gegenseitig zu helfen; hier öffnet sich, meinen Wir, ein schier unbegrenztes Betätigungsfeld für die großen überstaatlichen Einrichtungen.

---

[26] Vgl. Enz. Mater et magistra: AAS 53 (1961), 447.

[27] Vgl. Enz. Populorum progressio, Nr. 48-55.

An die Wissenschaftler

24. Wir möchten nun Unsern Appell an die Männer der Wissenschaft richten, »die dem Wohl von Ehe und Familie und dem Frieden des Gewissens sehr dienen, wenn sie durch ihre gemeinsame wissenschaftliche Arbeit die Voraussetzungen für eine sittlich einwandfreie Geburtenregelung genauer zu klären versuchen[28]«. Vor allem ist zu wünschen - was schon Pius XII. gesagt hat -, daß aufbauend auf dem Wissen um die natürlichen Zyklen die Medizin für eine sittlich geordnete Geburtenregelung sichere Grundlagen zu schaffen vermag[29]. So werden dann die Wissenschaftler - besonders die Katholiken unter ihnen - durch ihren Beitrag beweisen, daß es so ist, wie die Kirche lehrt: daß nämlich »es keinen wahren Widerspruch geben kann zwischen den göttlichen Gesetzen hinsichtlich der Übermittlung des Lebens und dem, was echter ehelicher Liebe dient[30]«.

An die christlichen Eheleute

25. Nun richtet sich Unser Wort insbesondere an Unsere Söhne und Töchter, besonders an diejenigen, die Gott beruft, ihm im Ehestande zu dienen. Indem die Kirche die unumstößlichen Forderungen des göttlichen Gesetzes weitergibt, verkündet sie das Heil und schließt in den Sakramenten Wege der Gnade auf: dadurch wird der Mensch eine neue Schöpfung, die in Liebe und echter Freiheit dem

---

[28] Vgl. 2. Vatikanisches Konzil, Pastoralkonstitution Gaudium et spes, Nr. 52.

[29] Vgl. Pius XII., Ansprache an den Kongreß des Fronte della Famiglia und der Vereinigung der kinderreichen Familien: AAS 43 (1951), 859.

[30] Vgl. 2. Vatikanisches Konzil, Pastoralkonstitution Gaudium et spes, Nr. 51.

erhabenen Plan seines Schöpfers und Erlösers entspricht und Sinn hat für die leichte Last Christi[31].

Indem sie in Demut seiner Stimme folgen, sollen die christlichen Eheleute daran denken, daß ihre Berufung zum christlichen Leben, die in der Taufe gründet, im Sakrament der Ehe entfaltet und gefestigt wurde. So werden sie »gestärkt und gleichsam geweiht«, um ihre Aufgaben treu erfüllen, ihre Berufung zur Vollendung führen und vor der Welt das ihnen aufgetragene christliche Zeugnis geben zu können[32]. Diese Aufgabe hat der Herr ihnen anvertraut, damit sie den Menschen jenes heilige und doch milde Gesetz offenbar machen, das ihre gegenseitige Liebe und ihr Zusammenwirken mit der Liebe Gottes, des Urhebers menschlichen Lebens, innig vereint.

Daß für das Leben christlicher Eheleute bisweilen ernste Schwierigkeiten auftreten, leugnen Wir keineswegs: denn wie für jeden von uns ist auch für sie »die Pforte eng und schmal der Weg, der zum Leben führt[33]«. Dennoch wird die Hoffnung auf dieses Leben wie ein hellstrahlendes Licht ihren Weg erleuchten, wenn sie tapferen Sinnes bemüht sind, »nüchtern, gerecht und gottesfürchtig in dieser Welt zu leben[34]«, wohl wissend, daß »die Gestalt dieser Welt vergeht[35]«.

Deshalb sollen die Eheleute die ihnen auferlegten Opfer bereitwillig auf sich nehmen, gestärkt durch den Glauben und die Hoffnung, die »nicht zuschanden werden läßt: denn die Liebe Gottes ist ausgegossen in unsere Herzen durch den Heiligen Geist, der uns gegeben ward[36]«. Sie sollen ferner

---

[31] Vgl. Mt 11,30.

[32] Vgl. 2. Vatikanisches Konzil, Pastoralkonstitution Gaudium et spes, Nr. 48; Dogm. Konst. Lumen gentium, Nr. 35.

[33] Mt 7,14; vgl. Hebr 12,11.

[34] Vgl. Tit 2,12.

[35] Vgl. 1 Kor 7,31.

[36] Vgl. Röm 5,5.

in inständigem Gebet die Hilfe Gottes erflehen und vor allem aus der immer strömenden Quelle der Eucharistie Gnade und Liebe schöpfen. Sollten aber Sünden ihren Weg hemmen, dann mögen sie nicht den Mut verlieren, sondern demütig und beharrlich zur Barmherzigkeit Gottes ihre Zuflucht nehmen, die ihnen im Bußsakrament in reichem Maße geschenkt wird. So können die Eheleute zu der ihnen als Gatten eigenen Vollkommenheit kommen, wie der Apostel sie kennzeichnet: »Ihr Männer, liebet eure Frauen, wie Christus die Kirche geliebt hat ... So sollen die Männer ihre Frauen lieben wie ihren eigenen Leib. Wer seine Frau liebt, liebt sich selbst. Hat doch niemand je sein eigenes Fleisch gehaßt, sondern er hegt und pflegt es wie Christus seine Kirche ... Dieses Geheimnis ist groß: ich meine im Hinblick auf Christus und die Kirche. Wohlan, so liebe jeder von euch seine Frau ebenso wie sich selbst; die Frau aber stehe in Ehrfurcht zum Manne[37].«

Familienapostolat

26. Eine der edelsten Früchte, die aus dem unentwegten Bemühen der Eheleute um die Befolgung des göttlichen Gesetzes heranreift, ist der häufige Wunsch der Eheleute, andere an ihrer Erfahrung teilhaben zu lassen. So fügt sich dem weiten Bereich der Laienberufung ein neues Apostolat ausgezeichneter Art ein: der Dienst jener aneinander, die in gleicher Situation stehen: die Eheleute übernehmen für andere Eheleute, denen gegenüber sie sich als Führer erweisen, eine apostolische Aufgabe. Das scheint heute eine besonders zeitgemäße Form des Apostolates zu sein[38].

---

[37] Eph 5,25.28–29.32–33.

[38] Vgl. Dogm. Konst. Lumen gentium, Nr. 35 und 41; Pastoralkonstitution Gaudium et spes, Nr. 48–49; 2. Vatikanisches Konzil, Dekret Apostolicam actuositatem, Nr. 11.

An die Ärzte und ihre Helfer

27. Große Hochachtung zollen Wir den Ärzten und ihren Helfern, die in der Ausübung ihres Berufes mehr darauf schauen, was ein christliches Berufsethos von ihnen fordert als auf rein menschliche Interessen. Sie mögen beharrlich bei dem Vorsatz bleiben, sich für die Lösungen einzusetzen, die dem Glauben und der Vernunft entsprechen; sie mögen sich auch bemühen, ihre Berufskollegen für die gleiche Einstellung zu gewinnen. Zudem sollen sie es als besondere Aufgabe ihres Berufes betrachten, sich das notwendige Wissen zu erwerben, um in diesem schwierigen Bereich Eheleute, die zu ihnen kommen, recht beraten und ihnen verantwortbare Wege zeigen zu können, wie es mit Fug und Recht von ihnen erwartet wird.

An die Priester

28. Liebe Priester, liebe Söhne! Durch euren heiligen Beruf seid ihr Berater und geistliche Führer der einzelnen Menschen wie der Familien.

Voll Vertrauen möchten Wir Uns an euch wenden. Eure Pflicht ist es ja - Unser Wort gilt besonders den Lehrern der Moraltheologie -, die kirchliche Ehelehre unverfälscht und offen vorzulegen. Gebt an erster Stelle ihr bei der Ausübung eures Amtes das Beispiel aufrichtigen Gehorsams, der innerlich und nach außen dem kirchlichen Lehramt zu leisten ist. Wie ihr wohl wißt, verpflichtet euch dieser Gehorsam nicht so sehr wegen der beigebrachten Beweisgründe, als wegen des Lichtes des Heiligen Geistes, mit dem besonders die Hirten der Kirche bei der Darlegung der Wahrheit ausgestattet sind[39]. Ihr wißt auch, daß es zur Wahrung des

[39]Vgl. Dogm. Konst. Lumen gentium, Nr. 25.

inneren Friedens der einzelnen und der Einheit des christlichen Volkes von größter Bedeutung ist, daß in Sitten- wie in Glaubensfragen alle dem kirchlichen Lehramt gehorchen und die gleiche Sprache sprechen. Deshalb machen Wir Uns die eindringlichen Worte des großen Apostels Paulus zu eigen und appellieren erneut an euch aus ganzem Herzen: »Ich ermahne euch, Brüder, ... daß Ihr alle in Eintracht redet; keine Parteiungen soll es unter euch geben, vielmehr sollt ihr im gleichen Sinn und in gleicher Überzeugung zusammenstehen[40].«

IV. Schlußwort

29. Ferner, wenn nichts von der Heilslehre Christi zu unterschlagen eine hervorragende Ausdrucksform der Liebe ist, so muß dies immer mit Duldsamkeit und Liebe verbunden sein; dafür hat der Herr selbst durch sein Wort und Werk den Menschen ein Beispiel gegeben. Denn obwohl er gekommen war, nicht um die Welt zu richten, sondern zu retten[41], war er zwar unerbittlich streng gegen die Sünde, aber geduldig und barmherzig gegenüber den Sündern.

Bei ihren Schwierigkeiten und Nöten sollten die Eheleute im Wort und im mitfühlenden Herzen des Priesters ein Echo der Stimme und der Liebe unseres Erlösers finden.

Redet mit Zuversicht, liebe Söhne, überzeugt, daß der Heilige Geist, welcher dem Lehramt bei der Darlegung der rechten Lehre beisteht, die Herzen der Gläubigen erleuchtet und sie zur Zustimmung einlädt. Es geht nicht ohne Gebet. Lehrt es die Eheleute; unterweist sie, daß sie oft, mit großem Glauben, zu den Sakramenten der Eucharistie und der Buße

[40] Vgl. 1 Kor 1,10.

[41] Vgl. Joh 3,17.

kommen und niemals wegen ihrer Schwachheit den Mut verlieren.

An die Bischöfe

30. Liebe und ehrwürdige Brüder im Bischofsamt! Am Ende dieses Rundschreibens wenden Wir Uns in Ehrerbietung und Liebe an euch. Mit euch teilen Wir besonders eng die Sorgen um das geistliche Wohl des Gottesvolkes. An euch richtet sich Unsere dringende Bitte: Setzt euch, an der Spitze eurer Mitarbeiter, der Priester, und eurer Gläubigen restlos und unverzüglich ein für Schutz und Heiligkeit der Ehe; dafür, daß damit das Leben in der Ehe zu menschlicher und christlicher Vollendung kommt. Das sollt ihr als die größte und verantwortungsvollste Aufgabe ansehen, die euch heute anvertraut ist. Ihr wißt sehr wohl, daß dieser Hirtendienst eine gewisse Abstimmung der pastoralen Bemühungen aufeinander erfordert, die alle Bereiche menschlichen Tuns umfaßt: den wirtschaftlichen, den der Bildung und den gesellschaftlichen. Gleichzeitiger Fortschritt auf allen diesen Gebieten wird das Leben von Eltern und Kindern in der Familie erträglicher, leichter und froher machen. Bei ehrfürchtiger Wahrung von Gottes Plan mit der Welt wird auch das Leben der menschlichen Gesellschaft durch brüderliche Liebe reicher und durch wahren Frieden gesicherter werden.

31. Euch, ehrwürdige Brüder, liebe Söhne und Töchter, und euch alle, Menschen guten Willens, rufen Wir auf zu einem wahrhaft großen Werk der Erziehung und des Fortschritts und der Liebe. Wir stützen Uns dabei auf die feste Lehre der Kirche, die der Nachfolger des heiligen Petrus, gemeinsam mit den Brüdern im katholischen Bischofsamt, treu bewahrt und auslegt. Dieses wahrhaft große Werk, da-

von sind Wir fest überzeugt, gereicht sowohl der Welt wie der Kirche zum Segen. Nur wenn der Mensch sich an die von Gott in seine Natur eingeschriebenen und darum weise und liebevoll zu achtenden Gesetze hält, kann er zum wahren, sehnlichst erstrebten Glück gelangen. Für dieses große Werk erflehen Wir nicht nur euch allen, sondern besonders den Eheleuten, vom allheiligen und allbarmherzigen Gott die Fülle himmlischer Gnade und erteilen euch als deren Unterpfand von Herzen Unseren Apostolischen Segen.

Rom, bei St. Peter, am 25. Juli,
am Fest des heiligen Apostels Jakobus 1968,
im sechsten Jahre Unseres Pontifikats.

Papst Paul VI.

***Weihbischof Andreas Laun,** Salzburg, wurde am 25. März 1995 (notabene: dem Promulgationsdatum der Enzyklika* Evangelium vitae*) zum Weihbischof ernannt. Er ist kein Unbekannter. Seit Jahren, ja Jahrzehnten, tritt er unermüdlich, »ob man es hören will oder nicht« (2 Tim 4,2), für die Verkündigung der Frohbotschaft des Lebens ein. 2007 wurde ihm für diesen Einsatz von Human Life International der Kardinal Galen Award verliehen. Der »Löwe von Münster« gab Zeugnis in schwieriger Zeit. Wir freuen uns über die kraftvolle Stimme des »Löwen von Salzburg«.*

Humanae vitae – unnötige Last oder Quelle der Liebe?

von Weihbischof Andreas Laun

Die Vorgeschichte

Warum veröffentlichte Paul VI. die Enzyklika HUMANAE VITAE? Weil die Frage nach der künstlichen Verhütung schon während des Konzils virulent geworden war und weil 1960 die »Pille« auf den Markt kam und die Frage nochmals neu und drängend aufwarf: Wenn die bekannten Verhütungs-Methoden unerlaubt sind, ist die Pille nicht etwas Neues, ein Weg der Verhütung, der anders ist – endlich die Methode, an der kein moralischer Makel haftet und die daher die Sehnsucht früherer Päpste erfüllt – die Sehnsucht, es möge doch ein moralisch gangbarer Weg der Geburtenplanung gefunden werden?

Von den Vätern des Konzils wollte der Papst die Frage nicht behandeln lassen, versprach aber, er selbst werde die Antwort geben. Mit HUMANAE VITAE löste er sein Versprechen ein. Um selbst letzte, entscheidende Klarheit zu gewinnen, setzte er zuvor eine Studiengruppe ein. Die Mitglieder dieser konnten sich aber nicht einigen, und so entstanden ein Minderheiten- und ein Mehrheits-Gutachten: Die Minderheit hielt an der traditionellen Lehre mit ihrem Nein zur Verhütung fest, die Mehrheit trat für eine veränderte Positionierung der Kirche ein. Beide Gutachten wurden dem Papst vorgelegt, und dieser machte sich zum Entsetzen vieler die Position der Minderheit zu eigen. Diejenigen, die ihm dies bis heute zum Vorwurf machten, übersehen, daß es sich bei der Kommission um ein beratendes Gremium handelte, nicht um eine Entscheidungs-Instanz, die dem Papst die Entscheidung hätte abnehmen und vorschreiben können.

Die Entscheidung des Papstes Paul VI.

Aus mehreren Gründen konnte sich Papst Paul VI. die Entscheidung nicht leicht machen:

- Er sah die sachliche Schwierigkeit der Frage.
- Er wollte den Menschen auf keinen Fall eine Last auferlegen, die nicht wirklich gottgewollt und daher notwendig ist.
- Er wußte, wie schwierig es für viele sein werde, das Nein der Kirche zur Verhütung anzunehmen. Die vorausgehenden Diskussionen der Theologen und Meldungen in den Medien hatten Erwartungen geweckt, die er jetzt enttäuschen mußte.
- Er ahnte wohl die Proteste gegen die Lehre und die Aggressionen gegen seine Person, die kommen würden, und wußte, daß ihm damit zumindest ein »kleines Martyrium« bevorstand.
- Er hatte die schlechten Folgen der Verhütungs-Praxis vor Augen.

Der Protest

Tatsächlich war es so: Eine gewaltige Welle des Protestes ging wie ein geistiger Tsunami um die Welt und richtete auch in der Kirche schweren Schaden an. Ein Riß tat sich auf, der durch die ganze Kirche ging und bis heute andauert: Einige Professoren der Theologie veröffentlichten eine kritische Erklärung, hunderte Professoren aus aller Herren Länder unterzeichneten sie nachträglich.

Der Hauptschaden, den dieser Kampf um HUMANAE VITAE anrichtete, ist wohl zu sehen im erschütterten Vertrauen auf das Lehramt der Kirche und im praktischen Ungehorsam vieler Katholiken in der Frage der Verhütung - ein Ungehorsam, aus dem sich im Lauf der Jahre all die negativen Folgen der Verhütung, die der Papst vorausgesagt hatte, ergeben haben, wie wir heute sehen können.

Dabei ist klar, daß sich dieser Ungehorsam nicht auf die Verhütungsfrage beschränken konnte: Wer eine Lehre des Lehramtes im Namen seiner Einsicht und seines Gewissens bestreiten kann, kann dies grundsätzlich auch in Bezug auf alle anderen Lehren der Kirche. Das aber bedeutete: Mit dem Protest gegen HUMANAE VITAE drang ein protestantisches Verständnis des Lehramtes in die Kirche ein und setzte sich in ihr fest. Typisch dafür war 1989 die »Kölner Erklärung«, mit der über 200 Theologen gegen ihre »Entmündigung« durch das Lehramt der Kirche protestierten,[1] und 1995 das so genannte »Kirchenvolksbegehren«,[2] das im gleichen Geist der Selbstherrlichkeit das Volk gegen die Leitung der Kirche zu mobilisieren suchte. Sinngemäß beschuldigten die einen und die anderen den Papst, den Eheleuten eine schwere, unnötige, weil von Gott nicht gewollte Last aufzuerlegen!

---

[1] Vgl. Andreas Laun, Die Kölner Theologenerklärung. In: ders., Aktuelle Probleme der Moraltheologie, Wien 1991, 177-193.

[2] Vgl. Andreas Laun, Kirche Jesu oder Kirche der Basis? Köln 1996.

Humanae vitae war, das hatte D. v. Hildebrand richtig gesehen, tatsächlich ein »Zeichen, dem widersprochen wird« – und der Widerspruch wurde, so könnte es scheinen, von den Bischöfen geradezu bestätigt.

Denn in vielen Ländern herrschte nach dem Erscheinen von Humanae vitae große Aufregung. Daher meinten die Bischöfe, die pastoral schwierige Lage durch eine »Erklärung« beruhigen zu müssen. In Deutschland entstand so die »Königsteiner Erklärung«, in Österreich die »Maria-Troster-Erklärung«. Auffallend ist: Beide Erklärungen vermeiden es, klar zu sagen, was die Bischöfe selbst über den Wahrheits-Anspruch der Enzyklika denken. Stattdessen betonten beide Erklärungen: Humanae vitae ist formell gesehen keine unfehlbare Entscheidung des Lehramtes. Und: Beide Erklärungen räumten den Gläubigen die Möglichkeit ein, sich eine andere Meinung als die des Papstes zu bilden und mit mehr oder weniger gutem Gewissen nach ihr zu leben. Offen gelassen wurde dabei, ob es sich dabei um ein irrendes Gewissen handelt oder eine katholisch einwandfreie, legitime Gewissensentscheidung. Vielleicht hat Papst Johannes Paul II. an diese deutschsprachigen Erklärungen gedacht, als er in seiner Enzyklika *Veritatis splendor* schrieb, eine von Humanae vitae abweichende Lehre sei eine Art »Lossprechung durch eine gefällige Lehre«, die nicht glücklich machen könne.[3]

Der entscheidende Satz der Königsteiner Erklärung lautete: »Wer glaubt, in seiner privaten Theorie und Praxis von einer nicht unfehlbaren Lehre des kirchlichen Amtes abweichen zu dürfen – ein solcher Fall ist grundsätzlich

---

[3]Veritatis splendor, Nr. 120.

denkbar –, muß sich nüchtern und selbstkritisch in seinem Gewissen fragen, ob er dies vor Gott verantworten kann.« Dabei suggerierten die Bischöfe: Ja, möglicherweise kann der Christ diese »Abweichung« von der Lehre der Kirche »vor Gott verantworten!«

Ähnlich die Österreicher: »Wer auf diesem Gebiet fachkundig ist und durch ernste Prüfung, aber nicht durch affektive Übereilung zu dieser abweichenden Überzeugung gekommen ist, darf ihr zunächst folgen. Er verfehlt sich nicht, wenn er bereit ist, seine Untersuchung fortzusetzen und der Kirche im übrigen Ehrfurcht und Treue entgegenzubringen. Klar bleibt jedoch, daß er in einem solchen Fall nicht berechtigt ist, mit dieser seiner Meinung unter seinen Glaubensbrüdern Verwirrung zu stiften.«

Auch damit war und ist bis heute für viele Gläubige klar: Man darf verhüten, ohne damit mit dem Gebot Gottes in Konflikt zu geraten.

Die Lage heute in der Kirche

Wie haben sich die genannten Erklärungen ausgewirkt? Zunächst natürlich »beruhigend«, zumindest im Leben der Kirche. Die Frage ist freilich, ob der erreichte Friede nicht doch ein fauler Frieden ist.

Die heutige Lage mindestens im deutsprachigen Mitteleuropa läßt sich folgendermaßen beschreiben: Nur noch eine kleine Gruppe von Katholiken hält an HUMANAE VITAE fest, die Mehrheit sieht keine Notwendigkeit mehr, über die Frage nachzudenken, man hält sie für beantwortet etwa in folgendem Sinn:

Der Papst hat sich geirrt, das Gewissen des Einzelnen kann und muß die Frage selbst entscheiden, auch Katholiken können und sollen ohne Gewissensbisse Verhütungsmittel benützen, sofern mit diesen keine abtreibende Wirkung verbunden ist. Kurz gesagt: Verhütung ist Gewissensfrage. Die Frage ist dabei nicht, ob man verhütet, sondern nur, mit welchem Mittel man es tut.

Diese Sicht der Dinge wird an den meisten Theologischen Fakultäten, im Religionsunterricht, in der Ehevorbereitung weitergegeben, und es gibt kaum einen Bischof, der über Verhütung ein Wort verliert. Papst Johannes Paul II. hat die Österreichischen Bischöfe zwar zweimal gebeten, die Maria-Troster-Erklärung zu überdenken; 1988 hat es einen Versuch in dieser Richtung gegeben, den man aber als mißlungen bezeichnen muß. Die Lage ist unverändert so, wie oben beschrieben.

Als eine Folge dieses Streites ist es wohl anzusehen, wie sich kirchliche Kreise auch in anderen Fragen dem Zeitgeist angepaßt haben. Tatsächlich meinen viele Katholiken heute, sie hätten eine Art Entscheidungsrecht darüber, was gut und was böse ist, wie es eine bestimmte moraltheologische Strömung ja auch lehrt. Dieser Dissens im Sinne des Rechtes auf Selbstbestimmung in moralischen Fragen betrifft heute bei bestimmten Katholiken die Masturbation, den vorehelichen Verkehr, die Homosexualität und, bei manchen, sogar die Abtreibung.

Die Folgen

Einige Folgen der künstlichen Verhütung hat Papst Paul VI. vorausgesagt: Die enthemmende Wirkung auf die Jugend, aber auch die veränderte, der Liebe abträgliche Haltung der Männer gegenüber ihren Frauen, die Tendenz des Staates, sich in die Intimsphäre der Menschen und in das Familienleben einzumischen.[4] Es bedarf keiner Beweisführung

[4] Humanae vitae, Nr. 17.

um zu sehen, wie Recht der Papst hatte! Noch nicht sehen konnte er damals drei weitere Folgen:

- Die Trennung von Fruchtbarkeit und Sexualität hat der Homosexuellen-Bewegung geholfen, auch Katholiken zu verführen.

- Die Trennung der Fruchtbarkeit und Sexualität führte zu jener demographischen Katastrophe, die Europa heute unmittelbar bedroht.

- Die Verhütungsmentalität vermehrte auch die Zahl der Abtreibungen, so paradox diese Behauptung erscheinen mag.[5]

Harmloser Gewissensirrtum oder Katastrophe?

Viele denken: Ob der Papst recht hat oder nicht, kann man beruhigt auf sich beruhen lassen. Bei moralischen Geboten kommt es nicht auf die Wahrheit an, sondern nur auf die Überzeugung dessen, der handelt.

Gegen diese These haben sowohl der Kardinal Joseph Ratzinger[6] als auch Papst Johannes Paul II. philosophisch und theologisch Stellung bezogen.[7] In der Praxis wirkt sich diese Auffassung verhängnisvoll auf die Pastoral der Kirche aus: Ob Irrtum oder nicht, die Bischöfe und Priester können die Meinungen ihrer Gläubigen auf sich beruhen lassen, er tut niemandem weh, er schadet auch den Ehen nicht. Der Kampf, der nötig wäre, ihn aufzudecken, lohnt sich nicht, im Gegenteil, er würde den pastoralen Frieden stören.

Daß es aber wichtig wäre, den Menschen zu helfen, die Lehre von HUMANAE VITAE zu verstehen und danach zu

---

[5] Evangelium vitae, Nr. 13.

[6] Joseph Ratzinger, Gewissen und Wahrheit. In: Wahrheit, Werte, Macht. Freiburg 1993, 27–62.

[7] Veritatis splendor, Nr. 63; Nr. 120.

leben, beweist der Blick auf die Begründung der Lehre: Statt hier alle Gründe für die Wahrheit von HUMANAE VITAE zu entfalten,[8] nenne ich nur den Hauptgrund und erläutere ihn an Hand eines Erlebnisses: Als ich im Gespräch mit einigen Leuten sagte, künstliche Verhütung stehe im Widerspruch zur Liebe, drehte sich eine Frau zu mir um und wiederholte glücklich und mit Nachdruck: »Ja, da haben Sie recht, Verhütung ist gegen die Liebe«.

Aber: Wenn das stimmen sollte, wäre die Verhütung ein Mitgrund vieler Scheidungen. Daraus würde folgen: Es ist dringend nötig, HUMANAE VITAE zu lehren, weil diese Lehre der Liebe guttut und damit beiträgt zur Stabilität der Beziehungen.

Verhütung contra Liebe

Ja, es stimmt, Verhütung richtet sich nicht nur gegen das Kind, sie schädigt auch die Liebe. Die These ist befremdend, denn sie steht im Widerspruch zur gängigen Behauptung, daß die Pille der Liebe, der Freiheit der Liebe diene und um dieses ihres Dienstes an der Liebe willen auch gerechtfertigt wäre.

Schadet Verhütung der Liebe? Inwiefern, wie tut sie dies? So: Liebe vereint, Verhütung trennt. Verhütung macht aus dem Partner einen anderen Menschen. So ist Verhütung sogar eine Art seelischer »Untreue light«, vergleichbar einem Mann, der seine Frau umarmt und dabei an eine andere denkt. In der Verhütung ist es umgekehrt: Er denkt an seine Frau, aber er umarmt eine »Andere«, seine eigentlich fruchtbare Frau ist jetzt eine sterile Frau.

---

[8] Vgl. Andreas Laun, Liebe und Partnerschaft, 8. Aufl. Eichstätt 2003, 100f.

Aber betreiben Verhütung nicht auch Paare, die sich wirklich lieben? Ja, aber die Frage ist: Ist auch ihr sexueller Akt bis hinein in seine körperliche Dimension noch ein Akt reiner Liebe, wenn dabei verhütet wird? Oder könnte es so sein: Innerhalb einer echten Liebe vollziehen sie einen Akt, der seiner Natur nach nicht mehr ganz eindeutiger Ausdruck der Liebe ist, sondern ein Akt der Befriedigung, den man dem Anderen gönnt, der sich aber nicht mehr von der Liebe ganz und gar beseelen läßt?

Das Argument mag viele noch nicht zu überzeugen. Aber es wird die Aufgabe kommender Generationen sein, darüber nachzudenken, ob und wie die Lehre von HUMANAE VITAE eine logische Forderung der Liebe ist!

Erfahrungen

Ich möchte diesen grundsätzlichen Überlegungen die Erfahrungen von Verheirateten zufügen, die das Gesagte bestätigen und in die gleiche Richtung verweisen. Im Auge habe ich dabei das, was ich im Kreis jener Menschen gehört habe, die der große katholische Arzt Josef Rötzer, der Erfinder der »sympto-thermalen Methode« der natürlichen Empfängnisregelung, um sich gesammelt hat. Die Verhütung hätte, sagen nicht wenige, ihre Liebe fast zerstört. Ihre sexuellen Beziehungen seien erst dann wieder in Ordnung gekommen, wieder möglich und beglückend geworden, als sie sich auf die natürliche Empfängnisregelung umstellten. Ich erlebte auch Paare, die mit leuchtenden Augen und glücklichen Gesichtern von HUMANAE VITAE sprachen und dem Papst dafür dankten! Und noch eine Erfahrung, die eine Mitarbeiterin von Teenstar, einem katholischen Aufklärungsprogramm, folgendermaßen beschrieb:

»Eine Erfahrung ist: Durch das Verstehen der Zusammenhänge gewinnen die Jugendlichen eine neue Sichtweise. Sie beginnen ihre eigene Fruchtbarkeit als etwas Besonderes und Wertvolles zu verstehen, sie anzunehmen und zu schützen. Eine Folge ist: Viele Mädchen, die schon sexuelle Kontakte hatten, stellen diese wieder ein, weil sie eine neue Einstellung zur Sexualität, zu ihrem Körper, zu ihrer Fruchtbarkeit bekommen haben.« Und noch mehr: »Leute, die bei uns auch die Natürliche Empfängnisregelung lernten, begannen nach Gott zu fragen und den Weg des Glaubens einzuschlagen.« So unterstreicht die Erfahrung die Lehre. Sie müßte genügen, Interesse zu wecken, was es mit dieser Lehre auf sich hat.

Humanae vitae und die Quelle von Lourdes

Dagegen läßt sich einwenden: Ist es vorstellbar, daß HUMANAE VITAE von der Mehrheit der Katholiken in Europa entdeckt wird? Ich möchte mit einem Bild antworten:

Als Bernadette von Maria den Auftrag erhielt, »von der Quelle zu trinken und sich das Gesicht zu waschen«, gab es keine Quelle, und so wühlte sie in der Erde und beschmierte damit ihr Gesicht. Die Zuschauer glaubten, sie sei verrückt geworden und gingen nach Hause. Später aber kamen einige Leute zurück und begannen dort, wo das Mädchen in der feuchten Erde gewühlt hatte, zu graben - und siehe da, sie legten die Quelle von Lourdes frei. Vielleicht wird es auch mit HUMANAE VITAE so gehen: Eines Tages wird ein wirklicher Dialog beginnen, man wird »graben« und HUMANAE VITAE als Quelle der Liebe und des Lebens entdecken. Dabei werden freilich diejenigen, die graben, in Kauf nehmen müssen, nun ihrerseits für verrückt gehalten zu werden. Aber das ist eine Situation, die biblisch gut belegt ist, davor sollten sich die Jünger Christi nicht allzu sehr fürchten.

Humanae vitae und die Neuevangelisierung

Wenn der irische Moraltheologe V. Twomey recht hat, ist dieses »Graben« ein Gebot der Stunde: »Humanae vitae muß voll rezipiert werden - zunächst von den Bischöfen, dann von den Theologen - damit man wieder Vertrauen in die Kirche gewinnt. Sonst gibt es keine Erneuerung, weder der Theologie noch der Kirche.«[9] Eigentlich sagt dasselbe auch Kardinal Christoph Schönborn, wenn er kürzlich meinte, das Nein zu Humanae vitae sei, neben Abtreibung und Homoehe, eines der drei Nein Europas zur eigenen Zukunft gewesen. Das heißt umgekehrt: Das Ja zu Humanae vitae würde den Weg in die Zukunft wieder öffnen!

Argumentation für Humanae vitae

Um die Lehre von Humanae vitae wieder »unter die Christen« zu bringen, bedarf es aber nicht nur des Mutes der Bischöfe und Theologen, also der »Opinionleaders« der Kirche, sondern es braucht auch gute, klare, nicht nur Fachleuten verständliche Argumente. Tatsächlich gibt es Literatur zu Humanae vitae, auch sehr gute, und doch ist es nötig, an der Argumentation weiterzuarbeiten:

- Die Argumentation darf nicht aus bloßem Zitieren und Abschreiben bei anderen bestehen.
- Die Argumentation muß alle bisherigen Begründungs-Versuche berücksichtigen und würdigen, muß sie aber zugleich kritisch sichten.

---

[9] Vincent Twomey, Der Schlüssel ist Humanae vitae. In: Medizin und Ideologie, 2008/1 (Jg. 30), 21-27, 25.

- Die Argumentation muß selbstkritisch erarbeitet werden, geleitet von der Frage, ob und wieweit das jeweilige Argument trägt oder eben nicht trägt.

- Die Argumentation sollte letztlich die Unmoral der Verhütung ebenso leicht verständlich machen wie den Satz »Du sollst nicht stehlen«. Das mag schwierig sein, aber es muß das Ziel sein.

- Die Argumentation muß zeigen können, daß und wie das Nein zur Verhütung im Hauptgebot der Liebe enthalten ist.

- Die Argumentation muß (im Anschluß an Humanae vitae) zeigen, daß Verhütung die eheliche Liebe nicht nur nicht fördert, sondern schädigt.

- Die Argumentation muß klar unterscheiden zwischen
  - Argumenten »von außen«, die die Norm von Humanae vitae zu bestätigen scheinen, aber in Wirklichkeit nichts mit ihr zu tun haben: Wenn sich Pille und andere Verhütungsmittel als medizinisch schädlich erweisen, ist das weder ein Beweis für Humanae vitae noch wäre ein medizinisch unbedenkliches Verhütungsmittel ein Argument gegen Humanae vitae.
  - Argumenten der Konvergenz, die zeigen, wie die Norm von Humanae vitae sich einfügt in die natürliche Beschaffenheit des ganzen Menschen: Der Rhythmus von Enthaltsamkeit und sexueller Gemeinsamkeit wiederholt Brautzeit und Hochzeit und hält die Liebe lebendig.
  - Argumenten, die wesentlich sind, weil sie sich aus der Natur der sexuellen Vereinigung ergeben

und darum den eigentlichen Grund der Lehre von Humanae vitae ausmachen.

Humanae vitae als prophetischer Dienst

Vielleicht wird die weitere Entwicklung erweisen, wie prophetisch Papst Paul VI. war und wie bedeutsam Papst Johannes Paul II., der von sich selbst sagte, er habe gelernt, »die Liebe zu lieben«, und sich darum nicht abhalten ließ, immer wieder und immer neu an Humanae vitae zu erinnern. Vielleicht werden spätere Generationen, nicht nur Katholiken und andere Christen, der Kirche danken für den Dienst, den sie der Welt mit Humanae vitae erwiesen hat.

P. D. ***Vincent Twomey SVD****, ein irischer Steyler Missionar, 1970 zum Priester geweiht, promovierte 1978 bei Joseph Ratzinger in Regensburg. Seit 1971 gehört er zum Schülerkreis des jetzigen Papstes und ist ein ausgewiesener Kenner von dessen Theologie. Twomey, der an der Päpstlichen Hochschule Saint Patrick's College in Irland Moraltheologie lehrt, gab das folgende Interview der Tagespost (www.tagespost.de).*

40 Jahre nach HUMANAE VITAE *zeigt sich weiterhin die Brisanz der päpstlichen Enzyklika, denn die prophetischen Weisungen Pauls VI. warten nach wie vor auf ihre genuine Rezeption und Verkündigung, in den Worten Twomeys: »Und ich bin überzeugt, daß die Kirche in Europa und nicht zuletzt in Deutschland sich solange nicht erholen wird, bis sie* HUMANAE VITAE *annimmt. Und zwar alles, was darin steht.«*

»Der Schlüssel ist Humanae vitae«

Interview mit P. D. Vincent Twomey SVD

Frage: Viele Jahrzehnte wurde Joseph Ratzinger als Theologe weitgehend ignoriert, ausgegrenzt oder bekämpft, insbesondere in der deutschsprachigen Theologie. Heute sind alle seine Bücher Bestseller. Woher diese Wende?

Twomey: Das sind zwei Fragen. Erstens: Warum wurde Ratzinger nicht ernst genommen? Zweitens: Warum jetzt? Die zweite Frage ist einfach, denn sie betrifft das Marketing. Als Papst ist Ratzinger noch populärer geworden. Nun wollen ihn alle Menschen kennenlernen. Die Antwort auf die erste Frage ist nicht so einfach: Man könnte sagen, daß Ratzinger früh aus der Mode kam. Ratzinger ist nicht nur ein Akademiker, sondern auch ein freischaffender Denker. Alles was er tut, hat mit Kreativität zu tun. Er ist kein Epigone irgendwelcher Lehrer. Er hat selbst immer alles neu, erfrischend neu gedacht.

Als Peritus von Kardinal Frings beim Zweiten Vatikanischen Konzil ist er jung berühmt geworden. Seine Vorlesungen in Tübingen, die unter dem Titel »Einführung in das Christentum« als Buch erschienen, haben ihn als Denker, der etwas Neues schafft, bekanntgemacht. Ratzinger war ein Vordenker des Konzils wie

Rahner, von Balthasar, Küng, Congar, de Lubac. Er wußte, daß die Kirche und die Theologie erneuert werden müssen. Als das Konzil kam, an dessen Vorbereitung er mitgearbeitet hatte, versuchte er als Theologe etwas zu dieser Erneuerung beizutragen. Dann kam Schema 13, das später als *Gaudium et spes* verabschiedet wurde. Das war nicht vorgesehen, sondern etwas Neues, das aus dem Konzil selbst entstand. Da wurde Ratzinger klar, daß auf dem Konzil eine Wende eingetreten war. Hier wurden plötzlich Gedanken vorgetragen und zwar beinahe mit höchster Autorität, die noch nicht reif waren. Von da an hat er die verschiedenen Bewegungen kritisch verfolgt.

Frage: Wie hat sich das gezeigt?

Twomey: Die großen Theologen waren gespalten: Auf der einen Seite stand Balthasar mit Ratzinger und de Lubac, auf der anderen Seite Küng, Rahner und später Metz, die von der Mehrheit der neuen Theologen unterstützt wurden. Diese waren überzeugt, daß das, was sie trieben, der »Geist des Konzils« sei. Im Konzil - glaubten sie - habe vieles nur auf Kompromissen basiert. Daraus schlossen sie, daß der nun entdeckte »Geist des Konzils« radikal weitergeführt werden müsse, auch wenn die »Radikalität« ziemlich oberflächlich war und sich oft bloß als Konformität zur geltenden Mode entpuppte. Da hat Ratzinger nicht mitgemacht. Er ist dem Konzil und sich selbst treu geblieben. Und er hat gewagt, die Wahrheit zu suchen und auszudrücken, obwohl sie dem Zeitgeist entgegengesetzt war. Deshalb war er bald nicht mehr in Mode.

Frage: Liegt der Unterschied im Kirchenbild? Darin, daß

die einen das Zweite Vatikanische Konzil als ein Konzil in einer Serie von Konzilien sehen, das genauso zu respektieren ist wie jedes vorangegangene, getragen von der Autorität der Kirche, während die anderen darin den Startschuß in eine ungewisse Zukunft erblickten?

Twomey: Alle vorangegangenen Konzilien waren einberufen worden, um bestimmte Häresien zu bekämpfen, auch wenn sie, wie Trient, als Reformkonzilien zu bezeichnen sind. Das Zweite Vatikanische Konzil war dagegen als Erneuerungskonzil gedacht. Manche haben dann das Zweite Vatikanum gegen Trient in Stellung bringen wollen: Was von Trient beeinflußt war, sollte ausgemistet werden. In diesem Bewußtsein spielte auch das Erste Vatikanische Konzil eine wichtige Rolle. Viele sagten: Ja, wir haben die päpstliche Unfehlbarkeit definiert - aber durch die Wiederentdeckung des Lehramtes des Episkopats sowie durch die Betonung des »sensus fidelium« beziehungsweise »sensus fidei« wurde sie dann abgeschwächt. Diese Form der Korrektur wollten einige weiterführen, indem sie einerseits sagten: Jede Ortskirche, jede Bischofskonferenz hat ihre eigene Kompetenz; anderseits wird der sensus fidelium soziologisch verstanden als Mehrheitsprinzip.

Aktuell ist das geworden, als Humanae vitae erschien und die verschiedenen Bischofskonferenzen dazu Stellung nahmen. Die Mehrheit hat die Enzyklika begrüßt, aber manche waren entsetzt. Die westdeutsche Bischofskonferenz - nicht die ostdeutsche, die Humanae vitae vollkommen gebilligt hat - hat die Enzyklika mit einem neuzeitlichen Begriff von Gewissen verbunden. Man hat zwar gesagt: Das lehrt die Kirche. Aber man war der Meinung, jeder müsse vor seinem Gewissen beurteilen, ob er diese Lehre annehmen kann oder nicht. Als die so irregeführten Eheleute mehr und mehr die Lehre von HUMANAE VITAE beiseite legten, wurde dies als neuer »sensus fidelium« interpretiert. Man darf aber die Geschichte der letzten 40 Jahre nicht nur als innerkirchliche Entwicklung betrachten, sondern als Teil einer Kulturentwicklung, welche die ganze Welt, hauptsächlich Westeuropa und Amerika, geprägt hat.

Frage: Wollen Sie sagen, die Bischöfe hätten einen subjektivistischen Gewissensbegriff übernommen?

Twomey: Genau! Sie haben diesen Begriff aber nicht direkt vom Zeitgeist übernommen. Innerhalb der Moraltheologie gab es schon damals eine verfehlte Interpretation des irrenden Gewissens, dem man nach dem hl. Thomas selbst dann folgen muß, wenn man objektiv etwas Falsches tut. Hier wurde übersehen, daß das Gewissen auch gebildet werden muß. Noch radikaler war die These, daß das Gewissen unfehlbar sei, weil letzten Endes moralische Wahrheiten subjektiv seien. Wie schwierig die Lage war, konnte man daran sehen, daß zur Vorbereitung des Konzils eine Kommission gebildet wurde, welche die Moraltheologie untersuchen sollte. Hier hoffte man auf ein Dokument, das dann vom Konzil gebilligt würde. Bald wurde klar, daß die Lage der Moraltheologie schwierig war. Also sagte das Konzil, die Theologie müsse erneuert werden, vor allem die Moraltheologie. Die Moraltheologie war sehr legalistisch; sie entstand nach Trient für die Ausbildung der Beichtväter und beschäftigte sich hauptsächlich mit der Sünde.

Auch dieser Trend gehört zu einer viel größeren Entwicklung, die mit dem Einfluß von William von Ockham verknüpft ist. Man hat durch Ockham einen Begriff von Freiheit gewonnen, die nicht an die Vernunft gebunden ist.

Nach Ockham wäre auch Gott nicht an die Ratio gebunden. Der daraus entstandene Voluntarismus hat sich bei Kant niedergeschlagen, der lehrte: Man muß die Pflicht erfüllen; so daß blinder Gehorsam verlangt wird. In der Moralphilosophie hat diese Entwicklung durch Nietzsche neue Nahrung gefunden, indem er den Willen zur Macht absolut setzt. Andererseits hat man seit dem 19. Jahrhundert »ratio« auf naturwissenschaftliche Rationalität reduziert und nur das als objektiv anerkannt, was wissenschaftlich abgesichert werden konnte. Die Moralphilosophie des 20. Jahrhunderts war überzeugt, daß es in der Moral nichts Objektives gebe. Alles sei subjektiv. Daher müsse man nur das tun, was man wisse oder denke, was der subjektiven, wenn auch irrationalen Überzeugung entspricht. So kam man zum unfehlbaren Gewissen. Von dieser Entwicklung wurden nach dem Konzil auch die Theologen und durch sie die Bischöfe beeinflußt.

Frage: Was kann gegen diese Krise unternommen werden?

Twomey: Ich meine, daß durch die Debatte um HUMANAE VITAE die ganze Krise innerhalb der abendländischen Kulturgeschichte zu ihrem Höhepunkt gekommen ist. Und ich bin überzeugt, daß die Kirche in Europa und nicht zuletzt in Deutschland sich solange nicht erholen wird, bis sie HUMANAE VITAE annimmt. Und zwar alles, was darin steht.

Frage: Seit einiger Zeit unternehmen Moraltheologen Anstrengungen, die Tugendethik für die Theologie fruchtbar zu machen, etwa Rhonheimer oder jüngst auch Schockenhoff, der in seiner »Grundlegung der Ethik« versucht, die Tugendethik mit Kant zu versöhnen. Was halten Sie von solchen Ansätzen?

Twomey: Rhonheimer ist, soweit ich es beurteilen kann, spät zur Tugendethik gekommen. Angefangen hatte er als Vertreter einer objektiven Moral, die ihre Grundlage in der Natur sieht. Die neuere Tugendethik nahm ihren Anfang 1958 mit einem Aufsatz der katholischen Philosophin Elisabeth Anscombe und wurde dann aufgegriffen von säkularen Philosophen wie Philippa Foot und Bernard Williams. In Amerika gab es eine Wiederentdeckung des Aristoteles. Der Durchbruch kam durch Alasdair McIntyre und sein Buch »After Virtue«, in dem er die Entwicklung seit der Aufklärung nachzeichnet. McIntyre sah, daß vor 300 Jahren eine Krise entstand, deren Auswirkungen wir jetzt spüren und die bis zum Emotivismus geführt hat, der behauptet, daß es in der Moral nur persönliche Präferenzen gebe. McIntyre plädierte stattdessen dafür, zurück an den Anfang zu gehen: zu Hesiod, Homer, Platon und besonders zu Aristoteles. Dabei hat er die Tugenden wiederentdeckt. Tugendethik ist nicht eine Ethik neben anderen. Sie ist die einzige Weise, Ethik zu denken.

In der katholischen Moraltheologie hat der belgische Professor in Freiburg, Servais Pinckaers, treu seiner thomistischen Tradition die Tugendethik des hl. Thomas von Aquin wiederentdeckt. Wenn Schockenhoff Tugendethik und Kant versöhnen will, dann hat er wohl die Tugendethik nicht verstanden. Andererseits, wenn man zum Beispiel den Weltkatechismus betrachtet, so ist die darin enthaltene Prinzipienlehre der Moral geprägt von einer vollkommen neuen Sicht der Moral, wenn auch nur wenige Moraltheologen dies erkannten. Ich sehe in der Tugendethik die große Zukunft, aber wie bei jeder neuen Bewegung werden auch hier anfänglich Mißverständnisse auftreten.

Frage: Braucht, wer von Tugend spricht, nicht zunächst einen Begriff des Guten und des Bösen?

Twomey: Sicher! Seit HUMANAE VITAE ging die Diskussion zunächst über den Begriff des *intrinsice malum*, und die Mehrheit der deutschen Moraltheologen hat das abgelehnt. HUMANAE VITAE hat übrigens nicht den Begriff »malum« benutzt, sondern den etwas abgeschwächten, sehr guten Begriff »inhonestum«. Die Frage lautet: Gibt es Taten, die in sich schlecht oder nicht vertretbar sind? Das wurde von den meisten deutschen und englischsprachigen Theologen abgelehnt. Dazu kam durch die Theologie von Karl Rahner ein Heilsoptimismus, demzufolge jeder durch das Bewußtsein selbst geheilt würde. Das ist wider alle Wirklichkeit, denn seit 200 Jahren sind wir Zeugen von massiver Unterdrückung, Ungerechtigkeit, Haß und ethnischer Säuberung - und dennoch spricht man nicht mehr vom Bösen. Das ist auch Folge einer verfehlten Theologie.

Frage: Hat der Subjektivismus auch die anderen Zweige der Theologie erfaßt?

Twomey: Natürlich! Die Dogmatik hat hier ihren eigenen Beitrag geleistet, etwa durch den schon erwähnten Heilsoptimismus. Das ist ein Mißverständnis dessen, was das Konzil lehrt, nämlich daß Gott auch außerhalb der Kirche auf seine eigene Weise Menschen durch Christus zum Heil bringt. Dadurch wurde die Wirklichkeit des Bösen beiseitegerückt. Man spricht nicht mehr über den Teufel. Das ist sein großer Sieg. Als der Papst unlängst über die Hölle sprach, gab es eine große Aufregung.

Frage: Wie läßt sich vermeiden, daß die verschiedenen theologischen Disziplinen auseinanderfallen?

Twomey: Man muß die Frage nach der Wahrheit stellen. Statt danach zu fragen, wie wissenschaftlich etwas ist, müssen wir fragen, wie wahr etwas ist. Eine ganz einfache Frage. Sie lautet: Stimmt das mit der Wirklichkeit überein? In diesem Sinn wird jede Disziplin ihren eigenen Beitrag zur Entdeckung der einen Wahrheit leisten, auch wenn jeder Beitrag durch die Auseinandersetzung mit Gegenbehauptungen der anderen Disziplinen gereinigt werden muß.

Frage: Um die Frage nach der Wahrheit für sinnvoll zu halten, muß man der Ansicht sein, daß sich die Wirklichkeit erkennen läßt. Es geht also um Erkenntnistheorie. Halten Sie es für realistisch, daß wir noch einmal hinter Kant zurück oder über ihn hinaus kommen?

Twomey: Irgendwie sind wir alle von Kant beeinflußt. Die Philosophie und auch die Theologie stehen vor der Aufgabe, durch Kant hindurchzugelangen. Seit Descartes wird die Wahrheitssuche individuell statt dialogisch verstanden: *cogito ergo sum.* Erkenntnis ist aber kein individuelles Geschehen sondern dialogisch, durch Auseinandersetzung mit den anderen und mit der eigenen Tradition, die sich nicht zuletzt in Sprache niederschlägt. Erkenntnis ist auch ein sprachliches Geschehen, auch wenn sie es übersteigt und transzendiert durch das persönliche Sensorium der Transzendenz, das wir Urgewissen nennen.

Aber Sie haben die Frage interessant gestellt: Können wir noch einmal hinter Kant zurückgehen? Dahinter steht ein linearer Begriff von Geschichte. Wenn ich die Wahrheitsfrage stelle, wird die geschichtliche Distanz unwesentlich: dann stehen alle Denker gleichzeitig vor mir. Es ist eine neuzeitliche Vorstellung, daß das, was in der Geschichte geschehen ist, nicht überwunden werden kann. In Wirklichkeit sprechen die Texte der Antike und des Mittelalters jedoch unmittelbar zu uns, jedenfalls dann, wenn wir die Geduld und die Fähigkeit haben, sie zu »hören«. Auch bei Ratzinger ist es so, daß er seine Gedanken von überall herholt, da er andere Denker nicht in Schubladen einreiht und nur das nimmt, was gerade von historischem Interesse ist. Ich selbst habe auch in Papua-Neuguinea gelehrt. Die Menschen dort konnten ohne Schwierigkeiten Platon oder Shakespeare lesen, weil die Wahrheit, die dort zum Ausdruck kommt, die Menschen berührt.

Frage: Europa ist der einzige säkularisierte Kontinent. Wie läßt sich Europa geistlich reanimieren, ohne die Vernunft zu verlieren?

Twomey: Zunächst ist die Aufklärung selbst ein Produkt und eine Häresie des Christentums - weshalb sie viel Wahres in sich hat. Das wird oft vergessen. Ratzinger hat gezeigt, wie der Glaube die Vernunft, also auch die Philosophie, unbedingt braucht, um der Wahrheit treu zu bleiben, wie auch umgekehrt die Vernunft den Glauben - und so die Autorität der Offenbarung braucht, um vernünftig zu bleiben. Doch die Theologen in Europa haben seit HUMANAE VITAE ein gebrochenes Verhältnis zur Kirche, speziell zum kirchlichen Lehramt. Sie wollen im Sinn der Aufklärung autonom sein und anerkennen nur, was »wissenschaftlich« beweisbar ist, was letzten Endes nur ein revidierbarer Konsens der Experten sein kann und so nicht lebensträchtig ist: Man kann nicht aus revidierbaren Meinungen sein Leben gestalten. Das muß überwunden werden. HUMANAE VITAE muß voll rezipiert werden - zunächst von den Bischöfen und dann von den Theologen - damit man wieder Vertrauen in die Kirche gewinnt. Sonst gibt es keine Erneuerung weder der Theologie noch der Kirche.

Frage: Kommt nach dem Zeitalter des Rationalismus, der sich als brüchig erwiesen hat, ein Zeitalter neuer Irrationalismen, des Mythischen, Numinosen?

Twomey: Da sind zwei große Gefahren: Daß der Subjektivismus auf die Spitze getrieben und alles auf sich selbst zentriert wird. Deshalb ist auch der Buddhismus in Mode, wie auch die Gestalten des »New Age«, dieses Austreten aus dem grauen Alltag in mythologische Scheinwelten. Andererseits wird der extreme Islam etwas anbieten, was wir nicht anbieten können: die voluntaristische Einfachheit eines radikalen Ja zu Gott, die die Vernunft ausschließt, aber dem Leben ein Ziel geben und es sinnvoll machen kann. Ich meine, daß das Pontifikat von Papst Benedikt da etwas bewegen könnte, gerade weil seine Bücher gelesen werden, die diese verschiedenen Fragen behandeln. Es gibt bereits eine Generation, die unzufrieden damit ist, was ihr von anderen beigebracht wurde. Lassen wir uns überraschen!

Monsignore Philip J. Reilly *ist Lebensschützern bestens bekannt. Ohne Übertreibung läßt sich sagen, daß Monsignore der Doyen der internationalen Pro-Life-Bewegung ist. Seit über vierzig Jahren steht er im Kampf für das ungeborene Leben und für die von der Abtreibungspropaganda betrogenen Mütter und Väter. Er hat sich geweigert, dem amerikanischen Staat Steuern zu bezahlen, weil mit diesen Geldern Abtreibungen finanziert wurden. Er hat Verhaftungen in Kauf genommen, weil er sich weigerte, den Krieg gegen die Ungeborenen »demokratisch-tolerant« zu unterstützen. Am Rosenkranzfest 1989 gründete er die* Helfer für Gottes Kostbare Kinder *(www.helpersbrooklynny.org), eine Lebensschutzbewegung, die sich seit ihrer Gründung auf allen Kontinenten ausbreitet und durch friedliche, geistliche Mittel (Gebet, Beratung und liebevolle Anwesenheit dort, wo heute Golgotha ist: vor den Abtreibungsstätten) dem Abtreibungsterror entgegentritt.*

Vorliegendes Referat (die Zwischentitel stammen von der Redaktion) hielt Monsignore Reilly auf dem 1. Internationalen Welt-Gebets-Kongreß für das Leben 2006 in Fatima (www.fatima-pro-life-congress-2006.com). Gegenüber der gesprochenen Version ist der Beitrag leicht modifiziert. Die originale Audio-Fassung kann unter obiger Website abgerufen werden.

Humanae vitae und Donum vitae

von Monsignore Philip J. Reilly

(...) Sie wissen, ich bin Seelsorger für eine Gemeinschaft kontemplativer Ordensschwestern, deren Lebensstil und Denkweise von dem abweichen, was man in der Welt so lebt. Als ich mich anschickte, aus dem Kloster zum Kostbaren Blut abzureisen, sagte eine der Schwestern, Schwester Maria Clara, zu mir: »Vater, haben Sie keine Angst vor dem morgigen Tag, Gott ist bereits da.« Wir sollten, was das Morgen betrifft, Vertrauen haben in die göttliche Vorsehung, denn Gott, der ewig ist, ist bereits da. Darum: Habt keine Angst! Diese optimistische Haltung dem Morgen gegenüber ist das, was wir heutzutage brauchen, zumal jene, die mit Pro-Life-Arbeit zu tun haben.

»Verkauft nicht die Kuh!«

Es war einmal eine Mutter Oberin in einem irischen Kloster, bei der sich, als sie im Sterben lag, die Mitschwestern um ihr Bett versammelten. Diese wollten von ihr noch einige letzte weise Worte empfangen. Da sie der Meinung waren, ihre Oberin würde schwächer und schwächer werden, sagten sie sich: Wir sollten ihr ein Glas heiße Milch zu trinken geben; das wird sie vielleicht stärken, und dann wird sie ein paar letzte weise Worte an uns richten. Sie gaben ihr also ein Glas heiße Milch, was sie jedoch nicht trank. Einige der

Schwestern gingen daraufhin in die hintere Küche und entdeckten dort eine Flasche edlen irischen Whiskys, die man ihnen letztes Weihnachten geschenkt hatte. Sie beschlossen also, einen kräftigen Schluck davon in die Milch zu geben. Dann brachten sie das Ganze zurück zu ihrer Mitschwester, die zunächst schlückchenweise, schließlich kraftvoller daran zu nippen begann, um endlich das ganze Glas auszutrinken. Und da sie weiterhin schwächer und schwächer wurde, sagten die guten Schwestern zu ihr: »Bevor Sie sterben, benötigen wir weisen Zuspruch. Was würden Sie uns raten, welche letzten weisen Worte geben Sie uns mit auf den Weg?« Und sie antwortete: »Was immer Ihr tun mögt, verkauft nicht die Kuh!«

Wir brauchen Weisheit

Wir brauchen Weisheit. Der Heilige Vater Papst Paul VI. sagte in seinen letzten Lebensjahren, daß der Mangel an Weisheit einen Teil der Schwierigkeit ausmacht, unsere Sexualität und das Leben selbst im eigentlichen Sinne zu verstehen. Ohne Weisheit erkennen wir nicht den ganzen, von Gott gewollten Plan. Es gibt in unseren Tagen drei kirchliche Dokumente, in denen das Wort vitae (»des Lebens«) vorkommt, nämlich: *Humanae vitae, Donum vitae* und *Evangelium vitae.* Es ist interessant zu bemerken, daß die drei Dokumente von drei unterschiedlichen Päpsten verfaßt wurden. Papst Paul VI. promulgierte am 25. Juli 1968 HUMANAE VITAE; am 25. März 1995 promulgierte Johannes Paul II. *Evangelium vitae;* und der Mann, der das dritte Dokument, *Donum vitae,* unterzeichnete, welches am 22. Februar 1987 als Instruktion der Glaubenskongregation herausgegeben wurde, war Kardinal Joseph Ratzinger, und Gott bestätigte dieses Dokument, indem er jenen zu Papst Benedikt XVI. machte.

Brauchen wir also noch mehr an beglaubigter Vollmacht als die in diesen drei Dokumenten enthaltene Weisheit, deren Urheber drei Päpste sind? Mag sein, daß Sie gleichwohl fragen, warum es drei Dokumente gibt? Wäre nicht ein Dokument über das Leben ausreichend? Der Grund, warum drei Dokumente anstelle eines einzigen abgefaßt wurden, ist der, daß die Kirche in den vergangenen vierzig Jahren jedes Mal, wenn die Kultur des Todes zunahm, ihre Antwort gab. In den sechziger Jahren des vergangenen Jahrhunderts fing die Kultur des Todes damit an, daß die Ehe selbst sowie der Vorgang der Fortpflanzung attackiert wurden. Papst Paul VI. antwortete darauf mit der Enzyklika HUMANAE VITAE. Um das Jahr 1987 war das Leben im Mutterschoß von der Empfängnis an bis zur Geburt unter Beschuß, weshalb Kardinal Ratzinger, nun Papst Benedikt XVI., als Antwort darauf *Donum vitae, Das Geschenk des Lebens,* schrieb. Um 1995 schließlich war das menschliche Leben nicht bloß im Mutterschoß gefährdet, sondern von der Wiege bis zum Grab. Daher sagte Papst Johannes Paul II.: wir haben jetzt tatsächlich eine Kultur des Todes. Was ist zu tun? Und er schenkte uns das Evangelium des Lebens, die Enzyklika *Evangelium vitae.* Sie müssen folglich alle drei Dokumente lesen, um über die Weisheit der Kirche Bescheid zu wissen – was nämlich an der Kultur des Todes nicht stimmt und wie die Kultur des Lebens zu leben ist.

Humanae vitae – die ganze Vision

In HUMANAE VITAE gibt es mehrere Punkte, die ich gerne hervorheben würde. Der erste befindet sich in Nr. 7 von HUMANAE VITAE, wo Paul VI. sagt, daß man keinen Akt außerhalb seines Kontextes beurteilen kann. Man kann nicht darüber entscheiden, ob etwas richtig oder falsch ist, indem man lediglich auf einen Teilaspekt schaut, nicht jedoch das Ganze im Blick hat. Sagt zum Beispiel jemand, daß man ein Kontrazeptivum benutzen darf, weil es zu viele Menschen gibt, dann sieht er nur den demographischen Aspekt. Oder: ein anderer mag sagen, wir haben nicht genug Geld, und legt damit all sein Augenmerk auf den ökonomischen Aspekt. Oder jemand sagt, seine Gesundheit sei nicht so gut, und hat somit lediglich die Dimension der Gesundheit im Blick. In jedem der dargelegten Fälle wird bloß ein Bruchstück oder Teil des Ganzen ins Auge gefaßt, derart geht die vollständige Vision oder Weisheit verloren, da ein Urteil gefällt wird, welches auf einem Teil, nicht aber auf dem Ganzen gründet. Folgerichtig haben wir bei der Ehe die ganze Vision im Auge zu behalten. Paul VI. fährt fort, daß wir zu verstehen haben, wer der Mensch ist, um ein Urteil zu treffen über irgendetwas, was der Mensch tut. Versäumen wir dies, so wird unser Urteil inkorrekt sein. Paul VI. bekräftigt sodann die Position der Kirche (ebenso, wie es heute Morgen Bischof Romer tat), indem er sagt, daß der Mensch von Gott ausgeht und zu Gott zurückkehrt. Der Mensch ist nach dem Abbild Gottes geschaffen, Ihm ähnlich. Er muß einsehen, wer er ist, worin sein Wesen besteht, und nur dann vermag er vollauf zu werden, wozu er geschaffen wurde.

Wenn der Mensch vollauf wird, was er ist, wozu er geschaffen wurde, dann erlebt er wahres Glück. Nur auf diesem Wege kann der Mensch Vollkommenheit erreichen. Jeder von uns muß daher dem Ziel und dem Grund seines Lebens nachgehen, der Wesensbestimmung, um somit das Ganze wahrzunehmen, wahrhaft glücklich zu sein und den Plan Gottes für einen jeden von uns zu vollenden. Hätten Sie sich selbst geschaffen, dann wäre es anders, denn dann könnten Sie ändern, was Sie sind. Nun aber hat Gott Sie erschaffen, damit ist Ihre Aufgabe, nachzudenken und zu verstehen, was Sie sind, und dann entsprechend zu handeln. Ihre Handlungen sollten eine Folge dessen sein, was Sie sind.

Am Anfang

Am Anfang, im Buche Genesis, wird uns mitgeteilt, daß Gott den Menschen nach Seinem Abbild geschaffen hat, nach Seinem Abbild, Ihm ähnlich, und daß Er uns als Mann und Frau erschaffen hat. Für die meisten von uns ist es klar, daß unsere Geistseele nach dem Bilde Gottes geschaffen ist, wir vergessen dabei jedoch, daß dies ebenso für unseren Leib gilt. Durch die Erschaffung des Menschen als Mann und Frau, Ihm ähnlich, befindet sich das Bild Gottes auch in unserer Sexualität. Denn Gott sagte: Laßt uns den Menschen machen als unser Abbild. Als Mann und Frau schuf er sie. Gott ist dreifaltig, und es wurde uns offenbart, daß es in Gott Vaterschaft gibt. Es gibt denjenigen, der zeugt, und es gibt Jesus Christus, denjenigen, der gezeugt ist. Und die Liebe desjenigen, der zeugt, zu demjenigen, der gezeugt ist, ist die dritte Person der Dreifaltigkeit, der Heilige Geist. Als das Wort Fleisch wurde, als Gott, in der Person Jesu Christi, aus der Jungfrau Maria unsere menschliche Natur annahm, da gab Er dieser menschlichen Natur seine eigene Existenzweise. In seiner Person hat Christus die Einheit des Menschlichen und des Göttlichen hergestellt. Diese Einheit in seiner Person nennen wir die hypostatische Union. Gott kam in unsere Mitte nicht bloß, um uns zu verkünden, wer er ist; nicht bloß, um uns die Wahrheit mitzuteilen. Die letztgültige Absicht, weswegen Jesus kam, war vielmehr die, daß Er mit dem Volk Gottes in eine mystische Liebes- und Lebenseinheit eintreten wollte. Die gesamte Heilige Schrift hindurch wird diese mystische Vereinigung in der Begrifflichkeit der Ehe ausgedrückt. Gott wird danach Bräutigam genannt, und Israel ist die Braut. Im Neuen Bund nennen wir die Liebes- und Lebenseinheit Christi mit dem Volk Gottes den mystischen Leib Christi.

Das Ehepaar macht in sehr besonderer Weise die Kirche gegenwärtig, nämlich die Vereinigung Christi mit der Braut. Daher erklärt der heilige Paulus im 5. Kapitel des Epheserbriefes, daß es eine wirkliche Entsprechung (Analogie) zwischen der Vereinigung der christlichen Eheleute in der Ehe und dem mystischen Leib Christi gibt. Der heilige Paulus nennt das Sakrament der christlichen Ehe ein tiefes Geheimnis, da es über den Symbolismus hinausgeht. Nicht nur scheinbar, sondern tatsächlich und durchaus wirkungsvoll setzt es den mystischen Leib, die Kirche, gegenwärtig. In der christlichen Ehe liebt Christus wahrhaft die Braut, und die Braut liebt Christus. Darum auch büßt die Frau, wenn sie in ihrem Ehemann Christus gehorcht, nichts an Würde ein, und der Ehemann muß sich selbst hingeben, so wie Christus es tat für seine Braut, die Kirche.

Als Gott uns Menschen schuf, schuf er einen jeden von uns mit einer Seele. Da wir Ebenbilder Gottes sind, ist unsere Geistseele Geist, folglich spiegelt unsere Geistseele auf eine sehr besondere Art und Weise das Bild Gottes wider. Gott schuf einen jeden von uns gleichfalls mit einem Leib. Derart ist der Mensch einzigartig, und will er menschlich handeln, so muß er mit Leib und Seele handeln. Wir sind keine Tiere; wir sind aber auch nicht Engel, wir handeln nicht ohne Leib. Um also ein menschlicher Akt zu sein, müssen Leib und Seele gemeinsam handeln.

Nachdenken statt Narren sein

Gott gab uns nun Verstand, Intellekt, so daß wir - bevor wir wählen, wie zu handeln ist, bevor wir mit unserem freien Willen handeln - nachdenken können. Er gab uns unseren Verstand, so daß wir nachdenken können, bevor wir etwas tun; ansonsten machen wir uns zum Narren. Wir können uns besinnen, wer wir sind. Wenn wir unsere Augen und unsere Ohren anschauen, dann sagen wir: das Auge ist zum Sehen da, das Ohr zum Hören. Sollte das Auge sein Sehvermögen zu verlieren beginnen, dann könnte ich ein künstliches Hilfsmittel, Brille genannt, benutzen, damit das Auge seine Funktion erfüllen kann. Sollte das Ohr sein Hörvermögen zu verlieren beginnen, so könnte ich es mit einem künstlichen Hilfsmittel, Hörgerät genannt, unterstützen. Aber es wäre irrsinnig, nicht wahr, einen Bleistift zu nehmen und ihn ins Auge zu stechen, um dieses am Sehen zu hindern. Das würde der Natur zuwider laufen, es würde das Auge zerstören, das Auge würde zugrunde gehen. Wenn wir über unsere Vollmacht, Leben zu spenden, nachdenken, zumal über unsere Fruchtbarkeit, dann dürfte klar sein, daß diese lebensspendende Vollmacht dazu da ist, dem Leben zu dienen. Leben ist, woraufhin diese ausgerichtet ist. Der sexuelle Akt ist eine besondere Form, diese lebensspendenden Kräfte auszuüben und das Geschenk der Fruchtbarkeit einem anderen weiterzugeben.

Nun mag einer die Frage stellen, wer diesen Akt ausüben darf? Auf diese Frage gibt die heutige Zeit meist die falsche Antwort, welche die Wahrheit über die eheliche Liebe zur Gänze entstellt. Heutzutage werden die Leute wie folgt dargestellt: zuerst hat man sexuelle Beziehungen mit einem anderen und erst dann fragt man den anderen, wer er denn ist. Da gibt es keine Verpflichtung, kein verbindliches Eingehen einer Beziehung. Solche Akte, die primär auf den Körper beschränkt sind, die die Seele des anderen ausschließen und oftmals absichtlich Gott und menschliches Leben ausklammern, sind nicht wahrhaft menschliche Akte.

Wer darf also nun diesen Akt ausüben? Der normale, aber heutzutage allzuoft vernachlässigte Weg besteht darin, daß zwei Menschen einander kennenlernen, gemeinsame Interessen entdecken und in ihrer Freundschaft wachsen. So wie ihre persönliche Zuneigung zunimmt, so wächst dann zwischen ihnen auch eine starke sexuelle Anziehungskraft. Sie wollen schließlich einander ganz schenken, einschließlich des Geschenks der Fruchtbarkeit. In ihnen besteht nämlich der Wunsch nach einer andauernden, gemeinsamen, lebensspendenden Vereinigung. Die Kirche bezeichnet dies den Stand der Ehe, welchen sie in den Rang eines Sakraments erhebt. In der Ehe schließen Mann und Frau vor Gott einen Vertrag. Ihre gegenseitigen Versprechen werden von der Kirche gesegnet und vom Staat ratifiziert. In dieser Vereinigung schenken sie sich einander ganz und in Liebe. Der Geschlechtsakt, in dem der Mann und die Frau einander gänzlich das Geschenk der Fruchtbarkeit machen, ist für sie gleichzeitig Ausdruck ihrer allumfassenden, exklusiven wechselseitigen Liebe.

Vollzieht nun ein Ehepartner den Geschlechtsakt, indem er durch den Gebrauch eines Verhütungsmittels absichtlich dem anderen das Geschenk der Fruchtbarkeit vorenthält, so ist der Akt eine Verletzung des Bundes oder des Ehevertrags. Die Tat ist nicht ehrlich. Wenn das letzte Ziel des Aktes nicht länger in der Liebe zum Anderen besteht, darin, die Fruchtbarkeit miteinander zu teilen, sondern nur mehr darin, sexuelles Vergnügen zu erleben und dies zum Preis, daß man das Leben und Gottes Handeln unterdrückt – dann ist der Geschlechtsakt kein Akt der Liebe, sondern der sinnlichen Begierde. Im Bund bzw. dem Ehevertrag schenkt man im Angesicht Gottes alles dem Anderen. Nimmt man, nachdem man dieses Versprechen, sich ganz dem Anderen zu schenken, gemacht hat, die Fruchtbarkeit davon aus oder blockt man die Fruchtbarkeit ab, dann hat diese Vorgehensweise Ähnlichkeit mit der Person, die den Bleistift ins Auge stößt. Wenn man die Wahl trifft, zu verhindern, daß der Geschlechtsakt lebensspendend und fruchtbringend ist, dann ähnelt man demjenigen, der den Bleistift ins Ohr stößt; man schließt die Liebe aus, man klammert Gott aus. Man kann künstliche Hilfsmittel verwenden, um der Natur zu helfen, ihr Ziel zu erreichen, aber nicht, um Gott zu sein. Wir haben kein Recht, die menschliche Natur neu zu schaffen oder umzuschaffen oder zu zerstören, wir haben lediglich das Recht, die menschliche Natur anzuerkennen, zu achten und zu fördern. Ein Ehepaar, das in der Ehe Verhütungsmittel benutzt, verneint somit seinen Ehevertrag. Denn der Vertrag beinhaltete, einander ganz zu schenken, einschließlich des Geschenks der Fruchtbarkeit. Trennt man den Geschlechtsakt vom Leben, von der Liebe, von Gott, so zerstört man ihn, und der Akt bekommt destruktive Auswirkungen auf die Person und die Seele. Andererseits: Wird der Akt innerhalb der Ehe von zwei Menschen vollzogen, die offen sind für das Leben - eine Offenheit für ihre gegenseitige Liebe und eine Offenheit dafür, Frucht zu bringen -, dann ist der Akt eine Quelle der Gnade für das Ehepaar und ein Wohlgefallen für Gott, den Schöpfer der Ehe.

Papst Paul VI. erklärte in Humanae vitae, daß Gott die natürlichen Gesetze und Zeiten der Fruchtbarkeit weise angeordnet habe, derart, daß aufeinanderfolgende Geburten in natürlichem Zeitabstand erfolgen, da nicht jedesmal, wenn das Ehepaar geschlechtlich zusammenkommt, neues Leben entsteht. Gott erschuf den Körper der Frau; eine Frau kann daher innerhalb ihres monatlichen Zyklus' tatsächlich nur während einer sehr kurzen Zeitspanne empfangen. Nur 24 Stunden lang während des monatlichen Zyklus' kann die Eizelle der Frau vom Spermium befruchtet werden. Der Mann ist das Problem; er ist andauernd fruchtbar! Wenn jedoch beide, Mann und Frau, nur während einer sehr kurzen Zeitspanne empfangen könnten, würde das Menschengeschlecht vom Angesicht der Erde verschwinden. Stellen Sie sich nur mal vor, das zeitlich abzustimmen! Der prokreative, zeugende Aspekt der Ehe bzw. die Empfängnis kann sich beim Geschlechtsverkehr nur während einer kurzen Zeitspanne innerhalb des weiblichen Zyklus' ereignen; aufgrund der Weisheit des göttlichen Schöpfungsplanes jedoch kann sich der einigende Aspekt des Eheaktes, nämlich der Ausdruck von Liebe und Intimität zwischen Mann und Frau, den ganzen Zyklus über ereignen und bestärken. Als Geschöpfe, die wir nun mal sind, haben wir zu lernen und zu respektieren, wie Gott, der Schöpfer, unsere Natur erschuf.

Man kann nicht ein schlechtes Mittel anwenden, um ein gutes Ende zu erreichen.

Da ich nun bereits im 46. Jahr meines Priesterlebens stehe, habe ich die sechziger Jahre, das Zweite Vatikanum sowie den Aufruhr, der dem Zweiten Vatikanischen Konzil folgte, miterlebt. Die Konzilsväter hatten auf dem Zweiten Vatikanum stets bekräftigt, daß es nicht gestattet ist, in den Geschlechtsakt selbst einzugreifen. Die Frage allerdings war: Angenommen, man nimmt eine chemische Pille vor dem Geschlechtsakt, welche denjenigen, der den Akt ausführt, unfruchtbar macht - könnte man dies gleichfalls als Verhütung betrachten? Eben das war, worum es ging und worauf Paul VI. mit der Veröffentlichung von HUMANAE VITAE antwortete. Darf ich Ihnen an einem Beispiel illustrieren, was Paul VI. über die Sittlichkeit der Antibabypille sagte. Nehmen wir an, es ist spätabends, Sie fahren die Straße hinunter und jemand marschiert vom Bürgersteig mitten in den Straßenverkehr, genau vor Ihr Auto. Sie sehen ihn nicht, Sie fahren ihn an und der Betreffende stirbt. Die Familie des Verunglückten kommt zu Ihnen rüber und Sie sagen: »Es tut mir so leid, daß es Ihr Sohn war, ich sah ihn nicht, er lief mitten auf die Straße. Ich wollte das nicht, es war ein schrecklicher Unfall!« Und die Eltern können das nachvollziehen.

Stellen wir uns nun jedoch jemanden vor, der am helllichten Tag auf der Straße geht, und Sie sagen sich: »Ich mag diesen Burschen nicht« und drücken auf das Gaspedal, entschlossen, ihn umzufahren. Und Sie töten ihn. Daraufhin kommen die Eltern zu Ihnen rüber und sagen: »Was ist passiert?« Und Sie antworten: »Wissen Sie, Ihr Sohn spazierte mitten auf der Fahrbahn, er treibt mich eh zum Wahnsinn, darum nahm ich mir vor, ihn über den Haufen zu fahren.« Die Eltern erwidern darauf: »Wie bitte, Sie haben ihn umgebracht«, worauf Sie sagen: »Ja, so war's, ich mochte ihn halt nicht.« Die zweite Tat unterscheidet sich ja wohl vollkommen von der ersten. Bei der ersten Tat liegen Absichten, Ziele und Umstände vor, die einen Unfall ausmachen, und Sie beabsichtigten zu keiner Zeit, irgend jemanden zu verletzen oder zu töten. Bei der zweiten Tat hingegen war Ihre Absicht, den anderen umzubringen, und dies war das Ziel, das Sie erreichten. Nicht nur die Tat allein legt fest, ob eine Handlung sittlich ist, sondern auch Absicht und Ziel haben Auswirkungen auf die Sittlichkeit der Tat.

Paul VI. nahm als Beispiel zwei Personen, die im voraus

etwas einnehmen, was sie zur Zeit des Geschlechtsverkehrs unfruchtbar sein läßt. Die erste Person befindet sich in einem schwierigen Gesundheitszustand und nimmt ein Medikament ein, das eben dazu führt, daß sie zur Zeit des Geschlechtsverkehrs unfruchtbar ist; doch nicht deswegen nimmt diese Person das Medikament ein. Der Heilige Vater sagt, die Handlung hat eine »doppelte Wirkung«, und es handelt sich nicht um einen Verhütungsakt, da Ziel und Absicht der Person nicht ist, die Empfängnis zu verhindern; der Akt der Medikamenteneinnahme selbst ist nicht ein *intrinsece malum* (ein in sich Schlechtes) wie der Verhütungsakt, ob nun dieser getan wird, um keine Kinder zu bekommen oder um Aids zu verhindern. Man kann nicht ein schlechtes Mittel anwenden, um ein gutes Ende zu erreichen. Um Aids zu verhindern oder keine Kinder zu bekommen, mögen das Kreuz der Enthaltsamkeit oder selbst sogar die Trennung die letztgültige Antwort sein. In der Tat wird dieselbe unanständige moralische Denkweise nun auch dazu benutzt, um selbst eine Abtreibung zu rechtfertigen.

Wenn jemand ein Medikament einnimmt, so ist dieses Mittel kein Übel. Die Situation ist jedoch eine andere, wenn jemand absichtlich im voraus etwas einnimmt, nämlich irgend etwas Chemisches, das die Fruchtbarkeit des Aktes unterbindet. Dies zerbricht den Ehevertrag, den man schloß, um sich dem anderen ganz, einschließlich der Fruchtbarkeit, der lebensspendenden Kräfte, zu schenken. Die zweite Handlung wird unternommen mit der Absicht, daß die Person kein Kind bekommt. Die zweite Person sagt: »Ich will mich dir nicht vollständig schenken, meine Fruchtbarkeit möchte ich dir nicht geben; ich werde auf chemische Weise die lebensspendende Möglichkeit des Geschlechtsaktes zerstören.«

In Humanae vitae sagte Paul VI., daß dies ein Verhütungsakt ist, und dieser kontrazeptive Akt ist falsch! Er sagte, dieser Akt gehört zur Kategorie all jener anderen Kontrazeptiva, die sich in Gottes Plan einmischen. Wenn man Geschlechtsverkehr hat und - obgleich nach Gottes Absicht und Plan Leben empfangen werden könnte - man absichtlich den Schöpfer ausklammert, dann steckt man sozusagen den Bleistift ins Auge und klammert das Ziel aus. Man tut dann, als sei man der Schöpfer, nicht das Geschöpf, als sei man der Schiedsrichter, nicht der Verwalter. Man mißachtet Gottes Schöpfung, man zerstört sie. Eine solche Handlung ist ein *intrinsece malum* (ein in sich Schlechtes), man darf sie nicht tun.

Mann und Frau - Mitarbeiter Gottes

Worin besteht also nun Gottes Plan? Das Geschenk der Fruchtbarkeit, das Gott Mann und Frau gegeben hat, wurde ihnen füreinander in der Ehe gegeben. Indem man die Ehe als Berufung wählt, wird man von Gott auserwählt, an Seinem Werk mitzuarbeiten. Gott sagte: »Laßt und Menschen machen als unser Abbild, uns ähnlich« (Gen 1,26). Damit Sie das Licht der Welt erblickten, bedurfte es eines besonderen Schöpfungsaktes Gottes. Wir sprechen heute von »reproduktiven Rechten«, aber Menschen können keine Menschen reproduzieren! Niemand wurde je reproduziert, da ein jeder - seelisch wie körperlich - gegenüber seinem Vorgänger vollständig einzigartig ist. Damit Sie zur Welt kommen konnten, war ein besonderer Schöpfungsakt Gottes notwendig. Als Gott Ihre Seele beim Augenblick der Empfängnis schuf, schuf er sie auf ewig.

Das Universum ist anders gebaut, es ändert sich tatsächlich ständig. Deswegen ist der Mensch unter allen anderen Kreaturen einzigartig. Der Mensch wurde von Gott für

Gott geschaffen, und Gott bittet Mann und Frau an diesem Schöpfungsakt mitzuarbeiten. In diesem Sinne benutzen wir das Wort Prokreation, Nachwuchs, Zeugung. Menschen werden gezeugt, nicht reproduziert. In einem verhüteten Akt schenkt man sich darum, indem man den einigenden Aspekt der Ehe ausführt, nicht nur nicht auf totale Weise dem Ehepartner, sondern darüber hinaus schließt man auch den prokreativen, Nachwuchs zeugenden Akt der Ehe aus, da man das Leben aussperrt. Der Akt selbst ist nicht länger bewundernswert, denn er hat in der Tat seine wahre Sinnfülle verloren.

Manche Leute sagen nun: angenommen, eine Familie hat fünf Kinder, ist das dann nicht genug? Sollten sie in diesem Fall, da dem Prinzip der Vollständigkeit Genüge getan ist, nicht Verhütungsmittel nehmen dürfen? Der Heilige Vater hat darauf geantwortet. Er sagte: »Nein«. Er sagte, man muß über zwei Dinge reden, die derselben Ordnung angehören. Man kann nicht ein physisches Übel austauschen gegen ein moralisches.

Nehmen wir z. B. Aids. Die Leute sagen: warum läßt man sie nicht Kondome benutzen, denn dann würden sie nicht sterben - eine doppelte Wirkung also und deshalb gerechtfertigt. Aber auch hier versucht man aufs neue, ein physisches Übel (den Tod eines Menschen) durch amoralische Mittel zu verhindern. Man erlaubt eine an sich schlechte Handlung. Man kann die zwei Ebenen nicht mischen. Will man dagegen ein größeres Übel durch ein geringeres Übel unterbinden, dann liegen die Dinge anders. Zum Beispiel: Es gibt ein äußerst mieses Abtreibungsgesetz und jemand reicht einen Gesetzesentwurf ein, um es einzudämmen. Diesen Gesetzesentwurf darf man unterstützen, aber man darf nicht unmittelbar eine Abtreibung selbst unterstützen. Was nun die Familie mit den fünf Kindern betrifft, die keine

Mittel haben, um mehr Kinder aufzuziehen, so können sie die natürlichen Mittel anwenden und sich des Verkehrs in der fruchtbaren Periode enthalten. Papst Paul VI. sagte, daß es einen großen Unterschied macht, ob man den sexuellen Zyklus der Frau achtet, indem man ihn handhabt gemäß dem Plan Gottes, oder aber die Funktion des Zyklus' durch einen verhütenden Akt unterbindet. Natürliche Empfängnisregelung (NER) ist keine »Katholische Geburtenkontrolle«. Bei der NER berücksichtigt das Paar, daß - gemäß Gottes Plan - während des Großteils des Zyklus' kein Leben empfangen werden kann. Wendet nun das Paar lediglich die unfruchtbare Zeit innerhalb des Zyklus' an, so nährt der Geschlechtsverkehr den einenden Aspekt, nämlich die gegenseitige Liebe von Mann und Frau. Derart lernt das Paar bei der NER die fruchtbare Zeit des Zyklus' kennen und momentan entweder enthaltsam zu sein oder bewußt Verkehr miteinander zu haben, um als Mitarbeiter Gottes dem Plan Gottes entsprechend ein Kind zur Welt zu bringen. NER ist gesund und bringt beide, Ehemann und Ehefrau, zusammen, anders als bei der Kontrazeption, die beide isoliert und dem Risiko aussetzt, eine gesunde körperliche Funktion durch ein chemisches Präparat zu unterbinden.

Die Konsequenzen

In Nr. 17 der Enzyklika Humanae vitae sagt nun der Heilige Vater Paul VI., daß dann, wenn wir Gottes Plan und Gottes Absicht hinsichtlich der sexuellen Vereinigung nicht befolgen, dies Konsequenzen haben werde. Es lohnt sich, Nr. 17 von Humanae vitae erneut zu lesen, er ist sehr prophetisch. Papst Paul VI. sagte dort voraus, daß die Dokumente *Donum vitae* und *Evangelium vitae* einmal notwendig werden würden. Er erkannte auf prophetische Weise, daß es ungeheuerliche Konsequenzen haben würde, wenn man Gottes Plan nicht befolgt. Zunächst stellte er fest, daß Frauen als Lustobjekte behandelt werden würden statt in Liebe. Er sagte, junge Menschen würden nicht bis zur Ehe warten. Worauf sollten sie warten? Was bedeutet schon der Ehevertrag, wenn ich bis zur Ehe enthaltsam leben soll, während du, als Verheirateter, sowieso Verhütungsmittel benutzt. Warum sollte ich warten? Der Heilige Vater sagte, daß es zu einer ungeheuren Promiskuität kommen würde, die gleichermaßen unter Verheirateten wie unter jungen Menschen überhand nehmen würde. Er sagte, daß dies die Ehe zerstöre, daß die Untreue zügellos werden würde, daß Ehen nicht halten würden. Er sagte, wenn nun die Menschen auf derartige Weise ihre Probleme lösen, wie können sie dann Staatsregierungen, die ihrerseits auf dem Gebiet der Wirtschaft und Bevölkerung in derselben amoralischen Weise die Probleme lösen, Einhalt gebieten. Wenn wir uns den Zustand der heutigen Welt und ihre gegenwärtige Kultur anschauen, dann wissen wir wohl, daß all dies als Folge davon eintrat, daß man Humanae vitae ablehnte.

In Humanae vitae bestätigte der Papst den ureigenen sittlichen Zeugungsvorgang und der Papst bestätigte die gottgewollte Bedeutung von Ehe und Familie als den alleinigen naturgemäßen Orten, in denen das Leben das Licht der Welt erblicken soll. Zumal menschliches Leben sollte ins Dasein finden in einem Kontext gegenseitiger Liebe von Mann und Frau. Jedes menschliche Leben sollte das Resultat eines Aktes menschlicher Liebe sein. Und das neue menschliche Leben sollte auf unbedingte Weise angenommen werden, ohne daß es auf Standards, Regeln und Vorschriften trifft, die andere festlegen, damit das neue Leben weiterexistieren darf. Der Prozeß der Zeugung ist Gottes wunderbarer Plan, das Kind, Frucht des ehelichen Liebesaktes von Vater und

Mutter, ist die endliche Widerspiegelung des inneren Lebens der Dreifaltigkeit, nämlich der Liebe des Vaters, der zeugt, und der Liebe des ewig gezeugten Sohnes zum Vater, welche Liebe der Heilige Geist ist.

Im Kontext der Familie kommt das menschliche Leben zu seiner natürlichen Erfüllung und vermag die Vollendung zu erreichen, die Gott ihm bestimmte. Wird folglich der eheliche Akt angegriffen, so greift man nicht nur die Ehe an, wie Gott sie wollte, sondern man setzt auch das menschliche Leben einer großen Gefahr aus. Zugleich handelt man einem Sakrament der Kirche zuwider. Am Anfang gab Gott unseren Stammeltern Anteil an Seinem ewigen Leben, indem er ihnen unsterbliche Seelen schuf. Wenn sie ein neues Kind empfingen, dann wollte Gott damit nicht nur eine neue Seele schaffen, sondern er wollte in dem Augenblick, da die Seele erschaffen wurde, ihr einen geschöpflichen Anteil an Seinem eigenen Leben geben. Dieses neue Leben Gottes ging den Abkömmlingen von Adam und Eva infolge der Erbsünde verloren. In der neuen Schöpfung in Christus jedoch, durch das Sakrament der Ehe, erneuert Gott das Leben, indem er der Ehe einen übernatürlichen Aspekt verleiht. Denn das getaufte Ehepaar schenkt nun nicht nur sich selbst einander, sondern schenkt Christus. Ehemann und Ehefrau geben einander Anteil am Leben Gottes durch und in Christus. Darüber hinaus ist die sakramentale Ehe nicht bloß in analoger Weise Widerspiegelung des innergöttlichen Lebens, zumal der dreifaltigen Liebe, in welcher wahrhaft Zeugung geschieht - ohne Abhängigkeit oder Zeitdifferenz, denn jede göttliche Person teilt miteinander in Ewigkeit und vollkommen dieselbe Substanz, Natur und Existenz -, sondern die sakramentale Ehe ist ebenso Widerspiegelung der Liebe Christi zur Kirche und der Liebe der Kirche zu Christus. Derart ist die Ehe ein wunderbarer, unfaßlicher, von Gott allein geschaffener Lebensweg, der analog die Liebe Christi zur Kirche widerspiegelt und selbst die Liebe der göttlichen Personen im innergöttlichen Leben.

Donum vitae – die Macht der Techniker

Wo steuern wir also hin, wenn wir menschliches Leben aus dem Zusammenhang der Ehe herausnehmen? In der Enzyklika HUMANAE VITAE haben wir gelernt, daß es falsch ist, menschliche Sexualität und Liebe von Gott und menschlichem Leben zu trennen. In der Instruktion der Glaubenskongregation, *Donum vitae,* werden wir jetzt sehen, daß es gleichfalls falsch ist, menschliches Leben von menschlicher Sexualität und göttlicher Liebe zu trennen, da der inhärente Wert jedes menschlichen Lebens dabei verloren geht, was schreckliche Konsequenzen für die Menschheit hat. Leben, so sagten wir, kommt ins Dasein durch einen besonderen menschlichen Akt, nämlich durch einen Liebesakt von Mann und Frau, durch einen Akt, in dem sie gemeinsam mit Gott einander gänzlich schenken und dies innerhalb der Ehe. Verlegt man jedoch das Leben in die Laboratorien, züchtet man dort menschliches Leben, dann beseitigt man jedwedes Bewußtsein göttlicher Anwesenheit und Liebe. Man beseitigt vom menschlichen Leben die menschliche und göttliche Liebe, man entmenschlicht und entpersonalisiert es. Und anschließend kann man es zerstören. Man kann es manipulieren. Man kann damit machen, was immer man will. Der inhärente Wert dieses menschlichen Lebens ist für den Techniker, für den Wissenschaftler im Labor verloren gegangen. Außerdem sind viele der Wissenschaftler in den Laboratorien, was ihr Denken angeht, meist Neo-Darwinisten. Menschliches Leben ist in ihren Augen zu behandeln wie eine höhere Form tierischen Lebens. Das geringere entwickelt sich evolutiv in das höhere. Alles unterliegt einem fortwährenden Wechsel zum Besseren hin, da die Schwächeren, die Unvollkommenen ausgemerzt werden durch natürliche Selektion, welche in den Laboratorien bewußt vom Techniker unterstützt wird, der die menschliche Rasse gewissenhaft eugenisch reinigt, indem er der Natur auf rationale Weise nachhilft, die rechte Selektion zu treffen, wer nämlich leben und wer sterben soll. Obgleich alles im Wandel ist, wird uns eingeredet, schlechthin zu vertrauen, daß aufgrund der klugen Entscheidungen der Männer in den Laboratorien, welche der Natur bei der Selektion der Stärksten beistehen, wir uns in einem Zustand andauernden Fortschritts befinden. Was aus deren Denken vollständig ausgeklammert ist, ist Gott, der Schöpfer, die Erbsünde sowie die Notwendigkeit eines Erlösers. Etliche derjenigen, die in diesen Laboratorien arbeiten, betrachten das menschliche Leben nicht als einen einzigartigen Ausdruck der Liebe Gottes. Tatsächlich braucht es für sie nicht das Postulat, daß Gottes Sein die Quelle des menschlichen Lebens ist. Manche finden, daß man letzten Endes Gott nicht braucht, in der Tat sind manche erklärte Atheisten. Für sie ist das menschliche Leben nicht länger zu betrachten als das Ergebnis eines menschlichen und göttlichen Liebesaktes, der innerhalb einer Ehe vollzogen wird, welche Gott geschaffen und in der neuen Gnadenordnung auf die Ebene eines Sakraments erhoben hat.

Was also geschieht heutzutage in den reproduktiven Laboratorien? Wir stehen jetzt vor der widersinnigen Situation, in der der einigende Aspekt der Ehe total außer Acht gelassen wird. Menschliches Leben soll nämlich außerhalb eines Aktes menschlicher Liebe, der mit dem allmächtigen Gott zusammenwirkt, ins Dasein kommen. Wenn jetzt Leben in den Laboratorien gezüchtet wird, ist der inhärente Wert dieses Lebens bis zu dem Punkt verloren gegangen, daß wir meinen, das Leben des Kindes sei ein Objekt, das anderen zur Verfügung zu stehen hat. Wenn Sie oder ich in ein Spital gehen, dann sind wir Patienten, und das, was man für Sie tut, sollte für Sie getan sein, es sollte Ihnen zugute kommen und sollte langfristig Ihrer Gesundheit nutzen. Behandeln sie jedoch menschliches Leben in den Laboratorien, dann fragen sie nicht nach dem Einverständnis. Sie sagen nicht: Können wir darin übereinkommen, daß wir an Ihnen ein Experiment durchführen, und zwar wegen eines anderen in diesem Spital oder wegen irgendeines, der Jahre später geboren werden wird. Mit anderen Worten, wir sind involviert in eine Art technischer Tyrannei, in welcher wir wiederum nicht um unserer selbst willen existieren, sondern um der Gattung willen, um des Staates willen, um anderer willen. In den Laboratorien wird, das ist die gewöhnliche Praxis, menschliches Leben manipuliert und behandelt um anderer willen. Zum Beispiel: Die embryonale Stammzellforschung wird nicht unternommen zum Nutzen dieses Lebens. Sie sagen: Neulich entdeckten wir einen neuen Weg, embryonale Stammzellen zu entnehmen, ohne den Embryo zu töten. Da sich nämlich die Zygote zum Blastozystenstadium vervielfältigt, entnehmen sie die achte Zelle und ausgehend von dieser Zelle werden dann all die unterschiedlichen Körperteile entwickelt, und scheinbar wird der Embryo dabei nicht zerstört. Das ist doch ok, oder?

Natürlich ist es nicht in Ordnung. Aus all den bereits angeführten Gründen ist es falsch. Derzeit ist das Verfahren, die achte Zelle des wachsenden Embryos zu entnehmen, seit 1990 in den Vereinigten Staaten durchaus Brauch. Der Grund, warum sie in den Kliniken, die künstliche Befruchtung durchführen, die achte Zelle entnehmen, ist der, daß man sehen will, ob das Ungeborene das Down-Syndrom hat. Wenn ja, dann zerstört man das neue Leben. Das Embryo-Screening, bekannt auch unter dem Namen Prä-Implantations-Diagnostik (PID), ist die übliche Prozedur bei der In-vitro-Fertilisation, wenn nämlich Eizelle und Spermium in der Petrischale gemischt werden und dann in die Gebärmutter implantiert werden. Im PID-Test, der vor der Implantation durchgeführt wird, wird eine Zelle des einige Tage alten Embryos entfernt, um dem Arzt die Möglichkeit einzuräumen, nach genetischen Defekten zu forschen. Anhand der einzelnen Zellzygote können sie genetisch feststellen, ob das Kind ein Junge oder ein Mädchen ist. Wenn sie die Zelle zerstören wollen, werden Sie Ihnen mitteilen, daß es sich dabei um ein Nichts handelt. In dieser einen Zellzygote befinden sich sechzigtausend Gene, aufgrund derer man Ihnen mitteilen kann, daß Sie im Alter von fünfzig Jahren Herzprobleme bekommen werden; gleichwohl reden sie uns ein, daß es sich um ein Nichts handelt, wenn sie mit der Zygote experimentieren oder wenn sie sie zerstören wollen. Sie können Ihnen vom Beginn an alles darlegen, weil die einzelne Zellzygote ein unfaßbarer, unwiderruflich komplexer Organismus ist. Vom ersten Augenblick Ihres menschlichen Daseins an unterscheidet sich Ihr genetischer Code von jeder anderen Person. Die Zygote beinhaltet Ihre gesamte genetische Information, die während Ihres ganzen restlichen Lebens zum Tragen kommt.

Wir sollten gestatten, daß jedes Lied gesungen und aufgeführt wird. Wir sollten gestatten, daß jedes Leben heranwachsen kann, denn ein jedes ist ein besonderer Lobpreis Gottes. Und ein jedes hat so viel zu schenken, und kein Lied sollte ungesungen zurückbleiben. Die Techniker jedoch machen folgendes: Sie nehmen die Zelle und untersuchen sie, um zu sehen, ob sie genetisch defekt ist oder nicht. Ob sie genetisch perfekt ist oder nicht. Wenn nein, dann wird dieses Leben zerstört, das neue Lied wird niemals gesungen werden. Im genetischen Ausmerzungsverfahren der menschlichen Rasse eliminieren wir diejenigen, die wir für eine Last halten. Wir entledigen uns ihrer jedoch auf eine sehr »intelligente Art und Weise«, indem wir nämlich sicher gehen, daß die Schwächeren, die Unvollkommenen zerstört werden. Diejenigen, die leiden würden, bewahren wir vor diesem Kreuz, indem wir sie ausrotten. Wir implantieren in die Gebärmutter ein Euthanasieprogramm! Wäre das Kind im Rahmen einer Familie geboren worden, dort, wo nach dem Willen Gottes Leben empfangen werden soll, hätte das Kind keinen Test durchlaufen müssen, um geboren werden oder weiterleben zu dürfen. In der Familie wirst du bedingungslos geliebt und angenommen, weil du du bist. Jedes Kind betrachtet man, gleich unter welchen Bedingungen, als kostbar in den Augen Gottes. In den Kliniken, wo künstliche Befruchtung durchgeführt wird, muß man jedoch jetzt einen Test durchlaufen, um weiterleben zu dürfen. Die Mehrzahl der Eltern, die eine Unfruchtbarkeitsklinik aufsuchen, besitzen überhaupt keine ausgefeilten Kenntnisse über genetische Sachverhalte; ihnen wird nach der PID simpel mitgeteilt, daß es besser sei, es noch einmal zu versuchen.

Designergene, Designerbabys

Sie sehen, menschliches Leben ist ein Produkt geworden, eine Ware. Und obgleich die Frau nur ein Kind bestellte, wird man dafür sorgen, daß die Frau - da viele Male der Embryo sich nicht einnistet und der Vorgang der Eizellgewinnung kostspielig und schmerzhaft ist - mehr Eizellen als nötig befruchten läßt, welche sie einfrieren und sozusagen für spätere Versuche ins Regal stellen werden. Falls die Frau sagt, es reicht, und keine weiteren Versuche mehr will, stehen ihnen all diese zusätzlichen, im Tiefkühlfach befindlichen menschlichen Embryonen zur Verfügung, was, nebenbei bemerkt, nicht vorkäme, wenn das Gesetz bestimmte, daß Leben, welches nicht in die Gebärmutter implantiert wurde, in den Labors nicht weitergezüchtet werden darf. Manchmal allerdings nisten sich alle vier Embryonen ein; dann führen sie in der 12. oder 13. Schwangerschaftswoche eine Nadel in die Gebärmutter ein und stechen sie in das Herz von dreien der vier ungeborenen Kinder, schließlich hatte die Mutter ja nur eines bestellt.

Manche Leute suchen Kliniken, in denen künstliche Befruchtung durchgeführt wird, auch deswegen auf, weil Funktionsstörungen beim Spermium oder der Eizelle vorliegen. Wo bekommen sie nun ein gesundes Spermium her? Wo bekommen sie eine gesunde Eizelle her? Bevor ich hierher nach Fatima kam, sah ich in einem New Yorker Stadtblatt eine Anzeige, die sich an junge Frauen mit dem Hinweis wendete, daß - wenn eine junge Frau ihre Eizelle spenden und diese in einem vervollständigten (Befruchtungs-)Zyklus benutzt würde (d. h. wenn aus ihrer Eizelle ein Baby entstehen würde) - sie 8.000 Dollars dafür bekäme. Ähnliche Anzeigen gibt es in Zeitungen etlicher Hochschulen und Universitäten. Die Anzeigen weisen darauf hin, daß die Studenten leichthin ihre Studiengebühren bezahlen können, indem sie einen wundervollen Akt des Mitleids ausüben, wenn sie nämlich für ein unfruchtbares Paar ihre Eizelle oder ihr Spermium spenden. Sie führen viele Eizellen- und Samenbanken, in denen Aufzeichnungen über den Intelligenzquotienten des Spenders, über sein soziales Umfeld, seine Rasse etc. festgehalten werden. Bestellen kann man, was man will. Die Bezeichnung Designergene bekommt, wenn unfruchtbare Paare in einer solchen Situation einkaufen gehen, eine ganz neue Bedeutung, denn das Paar beabsichtigt, statt Kleidungsstücken ein Designerbaby einzukaufen.

Zu welchem Zeitpunkt ihres Lebens besitzt eine Frau in ihren Eierstöcken sämtliche Eizellen, die sie dann für den Rest ihrer gebärfähigen Jahre hat? - Zum Zeitpunkt der achten Schwangerschaftswoche. Nach acht Wochen besitzt das kleine Mädchen in der Gebärmutter bereits sämtliche Eizellen, die sie dann für den Rest ihres Lebens hat. Was bedeutet das nun? Nun, nichts anderes, als daß eine andere Fundgrube für Eizellen von abgetriebenen Babies stammen kann. Derart kann es passieren, daß in einer Petrischale im Labor eine Eizelle eines abgetriebenen Kindes mit der Samenzelle eines Collegestudenten verschmolzen wird, um daraufhin einer Mutter implantiert zu werden, die tatsächlich eine Ersatzmutter ist, während die biologische Mutter des Kindes in ungerechter Weise getötet wurde, bevor das Kind empfangen wurde, und der natürliche Vater nicht einmal weiß, daß es da ein Kind gibt, und sich meist auch nicht darum schert. Und der sogenannte Vater, den es jetzt gibt, hat keinerlei Beziehung zu dem neuen Kind. Wie weit sind wir doch gekommen! Und das nennen wir Fortschritt.

Wenn Stammzellforschung betrieben wird und die Stammzelle entfernt wird, dann wird damit tatsächlich das neue Leben getötet. Woher bekommen sie diese Embryos? Wenn eine Frau eine Klinik aufsucht, die künstliche Befruchtung durchführt, dann befruchtet man absichtlich viele Eizellen, weil man die überschüssigen Embryonen für die Stammzellforschung verwendet. Die Abtreibungskliniken unterstützen die Kliniken, wo die künstliche Befruchtung vorgenommen wird, die Kliniken, wo die künstliche Befruchtung stattfindet, unterstützen die Forschungslabore für Stammzellforschung, diese wiederum unterstützt Produkte der pharmazeutischen Firmen und Heilverfahren für Patienten in Spitälern, und all dies wird tragischerweise von Steuergeldern subventioniert. In dieser zunehmend barbarischen Gesellschaft ist es dahin gekommen, daß alles vernetzt und verfilzt ist. Und all dies geschieht dann, wenn man leugnet, daß einzig im Kontext der Ehe menschliches Leben das Licht der Welt erblicken sollte und daß jedes menschliche Leben bedingungslos willkommen geheißen und geliebt werden sollte.

Aufschauen, um anzuschauen

Am 25. Juli 1968 warnte uns Papst Paul VI. in der Enzyklika HUMANAE VITAE vor der furchtbaren Konsequenz für die Menschheit, wenn wir den gottgewollten Plan für Ehe und Nachkommenschaft hintertreiben, indem wir absichtlich darauf bestehen, menschliche Liebe und Sexualität von menschlichem Leben und Gott abzutrennen. Am 22. Februar 1987 kam es zu einer neuerlichen Warnung, da Kardinal Joseph Ratzinger im Dokument *Donum vitae* davor warnte, daß die Welt gegenüber dem inhärenten Wert jedweden menschlichen Lebens in tragischer Weise erblinden würde, wenn sie erst einmal menschliches Leben abtrennte von menschlicher Liebe und Sexualität, von menschlicher und göttlicher Liebe. In dieser »Brave New World« (Schöne neue Welt) ist der inhärente Wert des menschlichen Lebens zu einer Ware verkommen, zu einem Objekt, das zum Nutzen anderer benutzt wird.

Gestatten Sie mir zum Abschluß, eine Geschichte über ein uraltes Dorf zu erzählen, in dem einige weise Männer sahen, wie sich der Mond in einem Teich spiegelte. Und die sogenannten weisen Männer befaßten sich mit dem Mond im Teich. Sie beschlossen, den Dingen auf den Grund zu gehen. Also verschafften sie sich einige Harken und Stöcke und versuchten, den Mond aus dem Teich heraus zu bekommen. Doch wühlten sie bloß den Schlamm im Wasser auf und verloren den Mond aus dem Blick. Was manche sogenannte moderne weise Männer heute versuchen, ist: sie versuchen, menschliches Leben und menschliche Sexualität zu verstehen, indem sie tiefer und tiefer im Schlamm wühlen, zumal indem sie darauf bestehen, daß der Mensch von einer Art niedrigeren Stufe des Tierreichs abstamme und daß der Mensch aus sich selbst heraus zu verstehen sei. Wir suchen nach Weisheit an der falschen Stelle, und wie die sogenannten weisen Dorfmänner verlieren wir noch das, was vor unseren Augen liegt. Hätten die weisen Männer zum Himmel emporgeschaut, hätten sie den Mond gesehen und wahrgenommen, daß der Mond im Wasser eine Spiegelung des Mondes am Himmel war. Die Kirche legt den sogenannten klugen Köpfen unserer Tage dringend nahe, nicht nach unten zu schauen, nicht im Schlamm zu wühlen, um menschliche Liebe und Sexualität zu verstehen, sondern vielmehr emporzuschauen. Der Mensch und seine Sexualität sind Widerspiegelungen des lebendigen Gottes. Es handelt sich dabei um ein großes, unfaßbares Geschenk. Weisheit kommt daher, daß man zu Christus emporschaut und in Christus den Sinn eines Menschenlebens findet. Aufschauen zu Gott, zum dreifaltigen Gott, dies ist der Weg, um den Sinn unseres Lebens und unserer Sexualität zu verstehen. Tatsächlich ist dies der weise Weg, um den letztgültigen Sinn und das letztgültige Ziel des menschlichen Lebens selbst zu verstehen.

Prof. Janet E. Smith *ist derzeit Lehrstuhlinhaberin für »Life Ethics« am Sacred Heart Major Seminary in Detroit; zuvor lehrte sie Moraltheologie an der Notre Dame Universität, Indiana. Sie ist zudem Beraterin des Päpstlichen Rates für die Familie.* HUMANAE VITAE *gehört seit langem zu ihren Schwerpunktthemen, in mehreren Publikationen und Vorträgen hat sie stets aufs neue die Bedeutung und Wahrheit der Enzyklika einem breiteren Publikum dargelegt und verteidigt. Sie gilt als Expertin in Fragen der Bioethik und Tugendethik. Ihr Vortrag zum Thema Kontrazeption »Contraception: Why Not« ist inzwischen in einer Auflage von einer Million Kopien weltweit verbreitet.*

Humanae vitae - der verborgene Schatz

von Prof. Janet E. Smith

Teil meiner Ethik-Vorlesungen in Notre Dame ist es, daß die Studenten der Frage nachgehen, ob Kontrazeption (Empfängnisverhütung) moralisch ist. Wenn ich das Thema einführe, frage ich sie, wie viele der Ansicht sind, daß Empfängnisverhütung moralisch in Ordnung sei; über 90 % heben dann ihre Hand. Daraufhin frage ich sie, ob irgend jemand unter ihnen mit den Gründen vertraut ist, warum die Kirche die Kontrazeption verurteilt. Wenige, wenn überhaupt, zeigen dann auf. Zu guter Letzt frage ich sie, ob sie meinen, befugt zu sein, eine Meinung zu haben - ganz zu schweigen von einer festen Meinung - hinsichtlich eines Themas, über das sie wenig oder überhaupt nichts gelesen und ebensowenig nachgedacht haben. Sie sind dann ein bißchen beschämt; doch ist es durchaus nicht unüblich, daß sodann einer unter ihnen einwendet, sie würden eine Menge guter und intelligenter Katholiken kennen, die mit der Lehre der Kirche nicht einverstanden seien.

Ein Ereignis, das ein paar Jahre zurückliegt, enthüllte die Falschheit dieser Unterstellung. Damals arrangierten einige Studenten eine Debatte zwischen einem meiner Kollegen, der sich lustig gemacht hatte über mich und meine Unterstützung der kirchlichen Lehre. In meinen Bemerkungen zu Beginn der Debatte, behauptete ich, daß von denjenigen, die die Lehre der Kirche hinsichtlich der Empfängnisverhütung verwerfen, nur wenige die Enzyklika Humanae vitae, in der die diesbezügliche Lehre dargelegt ist, auch nur gelesen und studiert oder darüber nachgedacht und gebetet haben. An diesem Punkt der Auseinandersetzung bekam mein Gegner einen hochroten Kopf und gestand ehrlich ein, daß er bis zu diesem Nachmittag Humanae vitae nicht gelesen hatte. Er gestand gleichfalls ein, daß er von Beginn an nicht einverstanden gewesen sei und viele Jahre im Widerspruch zu der Enzyklika gelebt habe. Es erübrigt sich zu sagen, daß die Studenten erstaunt und ernüchtert waren.

Nach einer solchen Erfahrung neigen Studenten dazu, aufmerksam zu werden auf das, was die Kirche zu sagen hat. Und sie sind reichlich überrascht über das, was sie entdecken. In ihrem Studium bringen sie den vagen Eindruck mit, daß die Kirche Sex geringschätzt und die sexuelle Begierde für einen grundlegenden menschlichen Trieb erachtet. Gelegentlich denken sie, die Kirche verlange von den Eheleuten, so viele Kinder zu haben, wie sie biologisch halt haben können. Gewiß meinen sie, daß Formen der Familienplanung, die Abstinenz verlangen, wenig effektvoll sein können. Nachdem sie aber Humanae vitae gelesen und die Möglichkeit erhalten haben, manche ihrer Probleme anzuschneiden, kommt eine stattliche Zahl von ihnen dahin, die Weisheit der kirchlichen Lehre zur Empfängnisverhütung anzunehmen. Die anderen mögen nicht überzeugt sein, aber sie sind in ihrer oppositionellen Haltung verunsichert, da sie eingesehen haben, daß die Lehre der Kirche weitaus mehr intellektuellen Respekt verdient als sie ursprünglich meinten.

Es überrascht Studenten jedesmal, wenn sie merken, daß Humanae vitae weder ausschließlich noch hauptsächlich über Kontrazeption und die moralischen Regeln für den sexuellen Akt handelt. Wenn sie Humanae vitae vornehmen und lesen, finden sie heraus, daß die Lehre der Kirche in einer vollständigen Sicht der menschlichen Natur, der Ehe und der Kinder innerhalb der Ehe verwurzelt ist.

Sie sind dann fasziniert, über die Ehe als eine Berufung nachzusinnen - als einen Lebensstand, zu dem eine Person von Gott gerufen wird. Studenten fangen an wahrzunehmen, daß die Ehe kein bloßes Arrangement für lebenslange Samstagnachtstelldicheins ist, sondern daß die Ehe eine Verpflichtung ist, welche eben die Tiefen der menschlichen Person in Anspruch nimmt und fördert.

Es scheint für sie eine Neuigkeit zu sein, daß die Ehe ein von Gott bestimmter Lebensstand ist, der besonders tauglich ist, um die christliche Berufung zu leben. Die Berufung zur Ehe, ebenso wie die Berufung zum Christsein, ist grundsätzlich der Ruf, ein Leben der Liebe zu leben. Und wie die christliche Berufung, so ist auch die Berufung zur Ehe der Ruf zur Vollkommenheit - eine Vollkommenheit, welche sich darin erfüllt, daß die Ehegatten einander treu lieben und den Kindern gute Eltern sind (Humanae vitae, Nr. 8).

Nr. 9 in Humanae vitae beschreibt vier Kennzeichen der ehelichen Liebe. Es wird gesagt, sie sei »*vollmenschliche* Liebe«, und es wird erklärt, daß diese Liebe vor allem aus dem Willensentscheid entspringt, »in Freud und Leid des Alltags durchzuhalten, ja dadurch stärker zu werden: so werden dann die Gatten ein Herz und eine Seele und kommen gemeinsam zu ihrer menschlichen Vollendung.«

Das zweite Kennzeichen ist ein bißchen wie das erste: es bestätigt, daß die Liebe »*aufs Ganze geht*«. Sie ist »jene besondere Form personaler Freundschaft, in der die Gatten alles großherzig miteinander teilen, weder unberechtigte Vorbehalte machen noch ihren eigenen Vorteil suchen.«

Drittens muß eheliche Liebe »*treu und ausschließlich* bis zum Ende des Lebens« sein.

Aufgrund dieser drei Kennzeichen hilft die eheliche Liebe den Ehepaaren, daß sie in der Liebe wachsen und selbstloser werden. Die Gatten müssen selbstlos werden und müssen es lernen, wenn sie eine dauerhafte Ehe wünschen, daß sie das Glück des anderen dem eigenen vorziehen. Studenten verstehen, daß selbstlose Liebe der springende Punkt ist, der eine Ehe zusammenhält, sowie die Kraft, welche die Wunden und unumgänglichen Verbitterungen, die zwischen Gatten aufkommen, heilt. Sie wissen, daß die menschliche Person gedeiht und wächst in einer Beziehung der Intimität und Liebe, und sie erkennen, wie insbesondere die Ehe geeignet ist, eine solche Liebe zu fördern.

Eheliche Liebe verhilft den Gatten, selbstlos zu werden, auch derart, indem sie offen ist für neues Leben. Nicht bloß die Ehe, auch die Elternschaft trägt dazu bei, daß aus Individuen selbstlos Liebende werden. Moderne Studenten sind, seltsam genug, sich oftmals nicht dessen bewußt, daß zwischen Liebe, Ehe, Kindern und Familien eine enge Beziehung besteht. Das Erste, was ihnen bei der Ehe in den Sinn kommt, ist, jemanden zu finden, der ihnen ein lebenslanger Gefährte ist. Selten schauen sie darüber hinaus, nämlich auf die Rolle der Kinder in ihren Beziehungen und auf die Tatsache, daß sie eine Familie gründen wollen. Wenn sie HUMANAE VITAE lesen, entdecken sie, daß Gott die Ehe nicht lediglich dazu einrichtete, damit sie eine Quelle tröstlicher Liebe für die Gatten sei, sondern auch als ein Mittel, um neues Leben in der Welt hervorzubringen. HUMANAE VITAE bezeichnet dieses vierte Kennzeichen ehelicher Liebe als »Fruchtbarkeit«, anders gesagt, als Offenheit für neues Leben. Diesbezüglich zitiert die Enzyklika *Gaudium et spes*, Nr. 50, wo es heißt: »Ehe und eheliche Liebe sind ihrem Wesen nach auf die Zeugung und Erziehung von Nachkommenschaft ausgerichtet. Kinder sind gewiß die vorzüglichste

Gabe für die Ehe und tragen zum Wohl der Eltern selbst bei.«

Es ist aufschlußreich für Studenten, diese Zeilen zu erwägen und darüber nachzudenken, daß Kinder eine »Gabe« sind und nicht eine mühsame Last, und daß Kinder »zum Wohl der Eltern selbst beitragen«.

Gleich welche Argumente ich bei Studenten vorbringe, wenn es um Fragen der Moral geht und um verschiedene Freiheiten, die sie sich wünschen - meine besten Erfolge beruhen oft darauf, daß ich sie dahin bringe, jede der diskutierten Fragen mit den Augen von Eltern anzuschauen. Wenn man erst einmal damit anfängt, wie ein Elternteil - und nicht wie ein herumflatternder Single ohne Verbindlichkeiten - die Dinge zu bedenken, dann sieht die ganze Welt anders aus. Naturgemäß will man die eigenen Kinder vor Unannehmlichkeiten jedweder Art behüten; man will die Gesellschaft derart gestalten, daß die Kinder frei sind, gedeihen mögen und nicht Ausbeutungssubjekte der furchtbaren Übel dieser Welt sind. Auf diese Art helfen die Kinder ihren Eltern zu reifen, indem sie sie zu Eltern machen, indem sie ihnen die Gelegenheiten schaffen, Sorge zu tragen für die Welt um sie herum.

Wenn Studenten den Abschnitt über »Verantwortliche Elternschaft« in Humanae vitae lesen, dann fangen sie an einzusehen, welch' eine erhabene Aufforderung der Ruf zur Elternschaft ist. In unserer Gesellschaft, wie gesagt, neigen viele dazu, Kinder als eine Last anzusehen oder bestenfalls als eine Art Option - etwas, womit man seine Zeit ausfüllen kann, vergleichbar einem Hobby oder einem neuen Auto oder einem Wochenendhaus. Die Sicht der Kirche auf die Elternschaft ist dagegen, noch einmal gesagt, unendlich erhabener; die Kirche lehrt, daß Kinder eine Gabe sind und daß Eltern, die ein Kind haben, »Mit-Schöpfer« Gottes sind.

Und da Kinder für die übernatürliche Vereinigung mit Gott bestimmt sind, kommt Eltern die enorme Verantwortung zu, ihre Kinder so großzuziehen, daß sie dieser Vereinigung würdig sind.

Wenn Studenten erst einmal die Bedeutung der Kinder für die Ehe und für Gott zu ermessen beginnen, dann beginnen sie auch wahrzunehmen, daß der Gebrauch von Verhütungsmitteln durchaus einige moralische Probleme mit sich bringen könnte. Sie beginnen zu erkennen, daß man derart Gottes Plan für die Ehe behindern könnte. Sie fragen sich jedoch, warum - wenn es in Ordnung ist, bei anderen körperlichen Funktionen herumzudoktern, Medikamente zu benutzen oder Hilfsmittel, wie etwa Brillen, zu benutzen - warum es dann moralisch nicht zulässig ist, in jemandes Fruchtbarkeit herumzudoktern. Sehr schnell greift dann die Unterscheidung zwischen Behandlungsmethoden, die einen Körper wiederum in seinen natürlichen, gesunden funktionellen Zustand versetzen, und Behandlungen, welche - wie zum Beispiel Verhütungsmittel - die natürliche Funktionsweise des Körpers hintertreiben.

Anderen leuchtet es ohne weiteres ein, daß die Fruchtbarkeit nicht irgendeine physische Funktion unter anderen ist, sondern daß sie zutiefst mit unserem Wesen verknüpft ist und mit den Werten zu tun hat, denen wir verpflichtet sind. Oft ergreift sie Johannes Pauls II. Beschreibung des sexuellen Aktes als einer Kommunikation, die aufrichtig zu sein hat. Der Papst führt aus, daß die »Sprache des Leibes« hinsichtlich der in ihm eingeschriebenen Bedeutung wahrhaftig sein muß.

Humanae vitae erklärt, daß der eheliche Akt zwei »Sinngehalte« hat: die liebende Vereinigung und die Fortpflanzung. Üblicherweise denkt man, daß Untreue die Hauptsünde betreffs der liebenden Vereinigung und Kontrazeption die

Hauptsünde betreffs des Sinngehaltes der Fortpflanzung ist. Papst Johannes Paul II. dagegen hält daran fest, daß die Empfängnisverhütung eine Verletzung sowohl des Sinngehaltes der liebenden Vereinigung wie des Sinngehaltes der Fortpflanzung ist. Seine Position beinhaltet, daß Paare, die Kontrazeptiva benutzen, nicht wirklich das Eheband leben, welches der Ehe eigen ist.

Was heißt das? Das Einverständnis, mit einem anderen gemeinsam ein Kind zu haben, bedeutet das Einverständnis, mit dem anderen lebenslang verbunden zu bleiben - denn Kinder stellen eine lebenslange Verpflichtung dar. Darum drücken diejenigen, die Sexualverkehr haben und für Nachkommenschaft offen sind, mit ihrem Leib aus, daß sie einverstanden sind, sich lebenslang aneinander zu binden. Dies ist die Botschaft der Ehe, dies ist ihr Sinngehalt. Empfängnisverhütung verleugnet diesen Sinngehalt.

Papst Johannes Paul II. geht so weit zu sagen, daß diejenigen, die Kontrazeptiva benutzen, mit ihrem Leib lügen; ihr Leib drückt zwar den Wunsch nach einer bestimmten Art der Bindung aus, doch diese wird durch den Gebrauch der Kontrazeptiva verfälscht. Johannes Paul II. erläutert, daß Empfängnisverhütung gleichfalls das Erfordernis der Ehe nach vollkommener Selbsthingabe negiert: Diejenigen, die Empfängnisverhütung betreiben, entziehen ihre Fruchtbarkeit dem Ehegatten. Jemandem die Fruchtbarkeit vorzuenthalten, heißt, einen zutiefst intimen Anteil des eigenen Selbst vorzuenthalten, einen Anteil des Selbst, der gerade in der Ehe miteinander zu teilen ist - in der Vereinigung, durch die zwei ein Fleisch werden.

Wenn sie das alles hören, werden manche Studenten derart begeistert über die Bedeutung eines nicht-verhüteten sexuellen Akts, daß sie ebenso meinen, die Natürliche Empfängnisregelung (NER) sei falsch, da sie ein Mittel sei, die

Größe der Familie zu begrenzen. Den meisten ist klar, daß es zeitweise für Ehegatten verantwortlich und wünschenswert sein kann, die Größe ihrer Familie zu begrenzen; aber es erstaunt sie ebenso, inwiefern irgendeine Methode moralisch gerechtfertigt sein kann, die Kinder davon abhält, ins Leben zu treten.

Mehrere Abschnitte in HUMANAE VITAE gehen diese Frage an. Nr. 11 bemerkt: »Wie die Erfahrung lehrt, geht tatsächlich nicht aus jedem ehelichen Verkehr neues Leben hervor. Gott hat ja die natürlichen Gesetze und Zeiten der Fruchtbarkeit in seiner Weisheit so gefügt, daß diese schon von selbst Abstände in der Aufeinanderfolge der Geburten schaffen.« Die Enzyklika erwähnt, daß Gott die Quelle der unfruchtbaren Zyklusabschnitte der Frau ist. Sie hält zugleich daran fest, daß Paare, die die unfruchtbaren Zeiten in Anspruch nehmen, ernsthafte Gründe dafür haben müssen, weil es, wie gesagt, zu ihrer Berufung gehört, das neue Leben, das Gott in dieser Welt will, zu betreuen. Liegen allerdings diese ernsthaften Gründe vor, so ist nichts Falsches darin, die sexuellen Akte auf die von Gott vorgesehenen unfruchtbaren Zeiten zu beschränken. Die Ehegatten verstoßen nicht *gegen* Seinen Willen in diesen Akten, wohingegen diejenigen, die Kontrazeptiva benutzen, sehr wohl gegen Gottes Willen hinsichtlich der fruchtbaren Zeiten verstoßen.

Naturgemäß haben einige Studenten ihre Bedenken bezüglich der von der NER verlangten Enthaltsamkeit sowie bezüglich der Wirksamkeit von NER. Sie sind frappiert, wenn sie lernen, daß NER ebenso wirksam ist wie die meisten wirksamen Kontrazeptiva. Sie sind gleichfalls frappiert, wenn sie lernen, daß Paare, die regelmäßig NER praktizieren, über die Wohltaten des abstinenten Verhaltens sprechen.

NER-Anwender berichten bereitwillig, daß die Enthaltsamkeit beizeiten sehr schwierig ist und eventuell eine gewisse Anspannung in der Beziehung verursacht. Letztlich jedoch lernen Ehemann und Ehefrau eine größere Selbstbeherrschung, sie lernen, besser miteinander zu kommunizieren, und sie lernen, daß es eine Vielzahl von Wegen gibt, Zuneigung auszudrücken. Ihre Erfahrung entspricht der Aussage in HUMANAE VITAE, daß größere Selbstlosigkeit, größere Gelassenheit und größerer Frieden sich einstellen werden, wenn der Lehre der Kirche mit Selbstzucht gefolgt wird.

Moderne Studenten, von denen etliche aus zerbrochenen Familien kommen und die allesamt Freunde aus zerbrochenen Familien haben, sind schließlich stark von NER angezogen, wenn es in Berichten heißt, es gebe wenige oder keine Scheidungsfälle bei Paaren, die NER anwenden. Sie haben den Schaden, den eine Scheidung anrichten kann, erlebt und wollen damit nichts zu tun haben. Sie sehnen sich nach der menschlich erfüllenden, aufs Ganze gehenden, exklusiven und vertrauensvollen Ehe, von der HUMANAE VITAE spricht.

Die Enzyklika geht zudem einen langen Weg, um Studenten zu überzeugen, daß die Ablehnung der Empfängnisverhütung samt deren »Anti-Baby«-Stoßkraft eines der hauptsächlichen Mittel ist, um zu gewährleisten, daß ihre Ehe eben das sein wird, was sie sich wünschen. Sie fangen an einzusehen, daß Christsein heißt, Gott gegenüber großzügig zu sein, und daß sie in eine großartige Gottesbeziehung hineinfinden, wenn sie Kinder haben, wenn sie offen für Nachwuchs sind.

Und Studenten fangen ebenso an einzusehen, daß Papst Paul VI. recht hatte, als er »prophezeite«, daß die Gesellschaft beträchtlich leiden würde, wenn der Gebrauch von empfängnisverhütenden Mitteln sich ausbreiten würde. Sie erfassen leicht den Konnex zwischen einem weitverbreiteten Gebrauch von Kontrazeptiva und vorehelichem oder außerehelichem sexuellen Verkehr. Sie verstehen, daß der Gebrauch von Kontrazeptiva Paaren ein falsches Gefühl der Sicherheit geben kann, und daß außerehelich empfangene Babies die ersten Anwärter für die Abtreibung sind. Sie sind sehr verwirrt, wenn sie erfahren, daß viele Formen der Empfängnisverhütung (die Spirale und die meisten Pillenarten) frühabtreibend wirken. Sie sind erbost, daß diese Information ihnen vorenthalten wurde. Zu guter Letzt finden sie es paradox, daß eine Praxis, der unterstellt wurde, eine Befreiung für die Frauen zu sein, sich als eine Quelle erwiesen hat, die den Frauen etlichen Schmerz verursacht - nicht zuletzt denjenigen, daß Männer mehr oder weniger dazu neigen, auf sie als Sexobjekte zu schauen.

(...) Es ist jetzt an der Zeit, HUMANAE VITAE zu lesen und wieder zu lesen, und die Hilfen zur Kenntnis zu nehmen, die Johannes Paul II. uns zum Verständnis gegeben hat, etwa *Familiaris consortio* und seine Katechesen über die Theologie des Leibes, die Ehe und HUMANAE VITAE. Tun wir dies, so finden wir, wie viele meiner Studenten, daß in der Lehre der Kirche ein verborgener Schatz liegt - ein Schatz, der nur darauf wartet, entdeckt zu werden.

Kardinal Christoph Schönborn, Erzbischof von Wien, sagte am 1. April 2008 während der hl. Messe im Abendmahlssaal zu Jerusalem vor versammelten 150 Bischöfen aus aller Welt: »In den letzten 40 Jahren hat Europa drei Mal Nein zu seiner Zukunft gesagt. 1968 mit dem ›Nein‹ zur Enzyklika Pauls VI. HUMANAE VITAE, *wenige Jahre später mit der in den meisten europäischen Ländern eingeführten Fristenregelung und letztlich mit der ›Homo-Ehe‹.«*

Es ist nicht das erste Mal, daß der Kardinal die Lehre von HUMANAE VITAE *verteidigt. Wir veröffentlichen sein zurzeit vergriffenes Geleitwort zum Standardwerk über Empfängnisverhütung aus dem Jahre 2000.*[a] *»Die Zeit wird kommen«, schrieb von Schönborn damals, »in der wir Paul VI. danken werden.« Ja, die Zeit wird kommen, und die Zeit ist da.*

---

[a] Roland Süßmuth (Hrsg.), Empfängnisverhütung. Fakten, Hintergründe, Zusammenhänge, Holzgerlingen 2000.

Das Ja der Kirche zu Liebe und Leben

von Kardinal Christoph Schönborn

Die ersten Worte der Enzyklika HUMANAE VITAE sagen genau, worum es im Letzten geht: Die überaus ernste Aufgabe, menschliches Leben weiterzugeben, mache aus den Gatten »freie und bewußte Mitarbeiter des Schöpfergottes«. Es gibt keinen natürlichen menschlichen Akt, durch den Menschen so direkt, in einer derart geheimnisvollen und ganz realen Weise am Schöpfertum Gottes mitwirken können wie den Akt der Lebensweitergabe. Die Größe dieses Geschehens ist nur zu ermessen an der Größe der menschlichen Berufung. Dies ist nichts Geringeres als die Teilhabe an der ewigen Glückseligkeit Gottes, des Dreifaltigen. Zu diesem Glück ist jeder Mensch als einmalige Person berufen, er ist vom Schöpfer ins Dasein gerufen, um die Freundschaft Gottes zu kennen und in ihr zu leben.

Papst Johannes Paul II. sagt: »Am Anfang jeder menschlichen Person steht ein Schöpfungsakt Gottes: kein Mensch kommt zufällig zum Leben; er ist immer das Endziel der schöpferischen Liebe Gottes.« Erst aus dieser großen und doch ganz realistischen Sicht des Menschen ergibt sich, worum es in der menschlichen Lebensweitergabe geht: »Aus dieser grundlegenden Glaubens- und Verstandeswahrheit ergibt sich, daß die der menschlichen Sexualität eingeschriebene Zeugungskraft ... ein Zusammenwirken mit der Schöpferkraft Gottes ist« (Ansprache, Osservatore Romano, 18.09.1983).

Ohne den Blick auf das große Geheimnis der menschlichen Person ist die kirchliche Sicht der rechten Ordnung der Lebensweitergabe nicht verständlich. Die menschliche Person ist nicht das Produkt ihrer Eltern, sie verdankt sich einem unmittelbaren Schöpfungsakt Gottes: »Ich will, daß du bist!« Und dieses »Ich will!«, dieser Ruf der ewigen Liebe, die der Ursprung eines jeden von uns ist, beschränkt sich nicht auf das irdische Leben. Ewigkeit ruft zur Ewigkeit. Das II. Vatikanum erinnert daher auch daran, wie wesentlich die ewige Berufung für das Verständnis der Lebensweitergabe ist: »Mögen alle daran denken: Das menschliche Leben und die Aufgabe, es weiterzuvermitteln, haben nicht nur eine Bedeutung für diese Zeit und können deshalb auch nicht von daher allein bemessen und verstanden werden, sondern haben immer eine Beziehung zu der ewigen Bestimmung des Menschen« (Gaudium et spes, Nr. 51,4).

Der Kernpunkt von Humanae vitae, die innere, unaufkündbare Verknüpfung von liebender Vereinigung und Lebensweitergabe, ist wohl im Tiefsten nur in dieser Perspektive zu verstehen: daß die eheliche Liebe immer auf Fruchtbarkeit angelegt ist, auch dann, wenn sie in verantworteter Elternschaft oder durch physische Gründe nicht zur Lebensweitergabe führt oder führen kann. Der Dominikaner P. Molinié schreibt: »Man ist eins, weil die Liebe eint; zwei, weil die Liebe respektiert; drei, weil die Liebe über sich hinausgeht«.

Das gesehen zu haben, daran auch gegen einen Sturm des Widerstandes und Unverständnisses erinnert zu haben, war die mutige Tat Papst Pauls VI. Ich bin sicher, daß man sie einmal als prophetisch erkennen wird, wenn nämlich in allen Konsequenzen deutlich geworden sein wird, wohin es führt, wenn eine Gesellschaft den inneren Zusammenhang von geschlechtlicher Hingabe und »Über-Sich-Hinausgehen«

in der Fruchtbarkeit mit allen Mitteln der Technik zu zerreißen sucht. (...)

Am Anfang dieser Entwicklung, als deren Umrisse erst schattenhaft sichtbar waren, hat Paul VI. prophetisch das Ja der Kirche zu Liebe und Leben und zu deren ewigem Ziel gesprochen. Die Zeit wird kommen, da erneut viele es ihm danken werden.

Papst Benedikt XVI. *hielt am 10. Mai 2008 eine Audienz für die Teilnehmer am Internationalen Kongreß der Päpstlichen Lateranuniversität anläßlich des 40. Jahrestages der Enzyklika* HUMANAE VITAE.

Das italienische Original dieser Ansprache erschien am 11.05.2008 im Osservatore Romano.

Erkennen, was der wahre Sinn der Liebe ist

von Papst Benedikt XVI.

Verehrte Mitbrüder im Bischofs- und im Priesteramt, liebe Brüder und Schwestern!

Mit besonderer Freude empfange ich euch zum Abschluß eurer Arbeiten, die der Reflexion über ein altes und stets neues Problem gewidmet waren: die Verantwortung und die Achtung gegenüber dem Entstehen des menschlichen Lebens. Ich begrüße insbesondere Bischof Rino Fisichella, den Rektor der Päpstlichen Lateranuniversität, die diesen internationalen Kongreß veranstaltet hat, und danke ihm für das Grußwort, das er an mich gerichtet hat. Ebenso begrüße ich die geschätzten Referenten und Dozenten sowie alle Teilnehmer, die mit ihrem Beitrag diese arbeitsintensiven Tage bereichert haben. Euer Beitrag fügt sich fruchtbringend in die wissenschaftliche Arbeit zu diesem so kontroversen und für die Zukunft der Menschheit doch so entscheidenden Thema ein, die in den letzten Jahrzehnten angewachsen ist.

Bereits das Zweite Vatikanische Konzil wandte sich in der Konstitution *Gaudium et spes* an die Wissenschaftler und forderte sie auf, ihre Kräfte zu vereinen, um eine Einheit des Wissens und eine fundierte Gewißheit über die Bedingungen, die eine »sittlich einwandfreie Geburtenregelung« (Gaudium et spes, Nr. 52) fördern können, zu erlangen. Mein Vorgänger seligen Angedenkens, der Diener Gottes Paul VI., veröffentlichte am 25. Juli 1968 die Enzyklika HUMANAE VITAE. Dieses Dokument wurde schnell zu einem Zeichen des Widerspruchs. Ausgearbeitet im Licht einer schwierigen Entscheidung, ist es ein bedeutsamer und mutiger Schritt, um die Kontinuität der Lehre und der Überlieferung der Kirche zu bekräftigen. Über diesen oft mißverstandenen Text wurde viel diskutiert, auch weil er in die Anfangszeit tiefgreifender Proteste fiel, die das Leben ganzer Generationen geprägt haben. 40 Jahre nach ihrer Veröffentlichung zeigt diese Lehre nicht nur ihre unveränderte Wahrheit auf, sondern sie offenbart auch die Weitsicht, mit der man dem Problem begegnete. Die eheliche Liebe wird nämlich innerhalb eines ganzheitlichen Prozesses beschrieben, der nicht bei der Trennung von Seele und Leib haltmacht und auch nicht dem bloßen oft flüchtigen und vergänglichen Gefühl unterworfen ist, sondern Sorge trägt um die Einheit der Person und die vollkommene Gemeinschaft der Eheleute, die sich in der gegenseitigen Annahme einander hingeben im Versprechen treuer und ausschließlicher Liebe, das einer wirklich freien Entscheidung entspringt. Wie könnte eine solche Liebe sich dem Geschenk des Lebens verschließen? Das Leben ist immer ein unschätzbares Geschenk; bei seinem Entstehen nehmen wir jedes Mal die Macht des schöpferischen Wirkens Gottes wahr, der dem Menschen vertraut und ihn so beruft, durch die Kraft der Hoffnung die Zukunft aufzubauen.

Nachdenken über den Wert von »Humanae vitae«

Das Lehramt der Kirche kann sich nicht seiner Pflicht entziehen, auf immer neue und tiefere Weise über die Grundprinzipien nachzudenken, die Ehe und Fortpflanzung betreffen. Was gestern wahr gewesen ist, bleibt auch heute wahr. Die Wahrheit, die in der Enzyklika HUMANAE VITAE zum Ausdruck gebracht wird, ändert sich nicht. Im Gegenteil, gerade im Licht der neuen wissenschaftlichen Errungenschaften wird ihre Lehre immer aktueller und fordert dazu heraus, über den ihr innewohnenden Wert nachzudenken. Der Schlüssel, der einen konsequenten Zugang zu ihren Inhalten verschafft, ist und bleibt die Liebe. In meiner ersten Enzyklika *Deus caritas est* habe ich geschrieben: »Der Mensch wird dann ganz er selbst, wenn Leib und Seele zu innerer Einheit finden ... Aber es lieben nicht Geist oder Leib - der Mensch, die Person, liebt als ein einziges und einiges Geschöpf, zu dem beides gehört« (Nr. 5). Ohne diese Einheit geht der Wert der Person verloren und man gerät in die große Gefahr, den Leib als bloße »Sache« zu betrachten, die man kaufen und verkaufen kann (vgl. ebd.). In einer Kultur, die dem Haben größeren Wert beimißt als dem Sein, läuft das menschliche Leben Gefahr, seinen Wert zu verlieren. Wenn die Ausübung der Sexualität zur Droge wird, die dem Partner eigene Wünsche und Interessen auferlegen will, ohne die Zeiten der geliebten Person zu respektieren, dann gilt es nicht mehr nur die wahre Auffassung von der Liebe zu verteidigen, sondern in erster Linie die Würde der Person selbst. Als Gläubige dürfen wir niemals zulassen, daß die Herrschaft der Technik die Qualität der Liebe und die Heiligkeit des Lebens entwertet.

Nicht zufällig beruft sich Jesus, wenn er über die menschliche Liebe spricht, auf das, was Gott am Anfang der Schöpfung gewirkt hat (vgl. Mt 19,4–6). Seine Lehre verweist auf einen ungeschuldeten Akt Gottes. Durch ihn wollte der Schöpfer nicht nur den Reichtum seiner Liebe, die sich öffnet und allen hinschenkt, zum Ausdruck bringen, sondern auch ein Urbild formen, auf das das Handeln der Menschheit ausgerichtet sein soll. In der Fruchtbarkeit der ehelichen Liebe nehmen Mann und Frau am Schöpfungsakt des Vaters teil und machen sichtbar, daß am Ursprung ihres Ehelebens ein echtes »Ja« steht, das in Gegenseitigkeit ausgesprochen und wirklich gelebt wird und das stets offen bleibt gegenüber dem Leben. Dieses Wort des Herrn dauert in seiner tiefen Wahrheit unverändert fort und kann durch die verschiedenen und manchmal sogar widersprüchlichen Theorien nicht ausgelöscht werden, die im Laufe der Jahre aufeinander gefolgt sind. Das natürliche Sittengesetz, das der Anerkennung der wahren Gleichheit zwischen Personen und Völkern zugrunde liegt, sollte als die Quelle erkannt werden, an der sich auch die Beziehung der Eheleute untereinander und ihre Verantwortung, Kinder zu zeugen, ausrichten muß. Die Weitergabe des Lebens ist in die Natur eingeschrieben, und ihre Gesetze sind eine ungeschriebene Norm, auf die alle Bezug nehmen müssen. Jeder Versuch, den Blick von diesem Grundsatz abzuwenden, bleibt unfruchtbar und schafft keine Zukunft.

Verantwortung für das Leben

Es ist dringend notwendig, daß wir einen Bund wiederentdecken, der stets fruchtbar war, als er geachtet wurde; Vernunft und Liebe stehen bei ihm an erster Stelle. Ein scharfsinniger Meister wie Wilhelm von Saint-Thierry konnte Worte schreiben, deren tiefe Gültigkeit wir auch in unserer Zeit verspüren: »Wenn sie einander aushelfen, dann belehrt die Vernunft die Liebe und erleuchtet die Liebe die Vernunft. Die Vernunft schmiegt sich der Regung der Liebe ein, und die Liebe läßt sich die Grenzen der Vernunft gefallen. Auf diese Weise vermögen sie Großes« (*Über die Natur und Würde der Liebe*, 25). Was ist dieses »Große«, das wir erleben können? Es ist das Entstehen der Verantwortung für das Leben, die die Selbsthingabe eines Menschen an den anderen fruchtbar macht. Es ist Frucht einer Liebe, die in voller Freiheit denken und entscheiden kann, ohne sich vom eventuell verlangten Opfer über die Maßen beeinflussen zu lassen. Hier entspringt das Wunder des Lebens, das die Eltern in sich selbst wahrnehmen, indem sie das, was in ihnen und durch sie geschieht, als etwas Außerordentliches erfahren. Keine mechanische Technik kann den gegenseitigen Liebesakt der beiden Eheleute ersetzen, der Zeichen eines größeren Geheimnisses ist, durch das sie als Protagonisten an der Schöpfung beteiligt sind.

Leider wird man jedoch immer häufiger Zeuge trauriger Ereignisse, die die Jugendlichen betreffen, deren Reaktionen zeigen, daß sie die Geheimnisse des Lebens und die gefährlichen Auswirkungen ihres Handelns nicht richtig kennen. Die dringende Notwendigkeit der Erziehung, auf die ich oft Bezug nehme, beinhaltet vorrangig das Thema des Lebens. Ich wünsche wirklich, daß vor allem den jungen Menschen ganz besondere Aufmerksamkeit gewidmet wird, damit sie lernen können, was der wahre Sinn der Liebe ist, und durch eine geeignete Sexualerziehung darauf vorbereitet werden, ohne sich durch oberflächliche Botschaften ablenken zu lassen, die es verhindern, zum Wesentlichen der Wahrheit, die auf dem Spiel steht, zu gelangen. Es macht einer Gesellschaft, die sich auf freiheitliche und demokratische Grundsätze beruft, keine Ehre, falsche Illusionen im Bereich der Liebe zu vermitteln oder über die wahre Verantwortung, die man durch die Ausübung der eigenen Sexualität übernehmen muß, hinwegzutäuschen. Die Freiheit muß mit Wahrheit und Verantwortung verbunden sein, mit der Kraft der Hingabe an den anderen, die auch das Opfer einschließt; ohne diese Elemente wächst die menschliche Gemeinschaft nicht, und es droht die Gefahr, sich in einem

Kreis des alles erstickenden Egoismus zu verschließen.

Die in der Enzyklika Humanae vitae zum Ausdruck gebrachte Lehre ist nicht einfach. Sie entspricht jedoch der grundlegenden Struktur, durch die das Leben seit der Schöpfung der Welt stets weitergegeben wird, unter Achtung der Natur und ihren Anforderungen entsprechend. Die Achtung gegenüber dem menschlichen Leben und die Wahrung der Würde der Person machen es notwendig, daß wir nichts unversucht lassen, um alle an der echten Wahrheit der verantwortlichen ehelichen Liebe teilhaben zu lassen, in vollkommener Treue gegenüber dem Gesetz, das in das Herz jedes Menschen eingeschrieben ist. Mit diesen Empfindungen erteile ich euch allen den Apostolischen Segen.

Literatur

Wer sich weiter mit der in HUMANAE VITAE angesprochenen Thematik auseinandersetzen will, dem empfehlen wir folgende Titel (weitere Literatur dort in den entsprechenden Kapiteln bzw. Anhängen):

Johannes Paul II., Man and Woman He Created Them: A Theology of the Body, übers. u. eingel. v. Michael Waldstein, Boston 2006.
(Die dt. Ausgabe der Katechesen des Papstes zur *Theologie des Leibes* ist derzeit vergriffen; eine Neuauflage ist in Vorbereitung.)

Katholisches Säkularinstitut Cruzadas de Santa María (Hrsg.), Mensch, erkenne deine Würde. Reflexionen zur »Theologie des Leibes« von Papst Johannes Paul II., Pasinger Philothea Bd. II, München 2007.

Päpstlicher Rat für die Familie (Hrsg.), Lexikon Familie. Mehrdeutige und umstrittene Begriffe zu Familie, Leben und ethischen Fragen, Paderborn 2007.

Christian Schulz, Die Enzyklika »Humanae vitae« im Lichte von »Veritatis splendor«. Verantwortete Elternschaft als Anwendungsfall der Grundlagen der Katholischen Morallehre, St. Ottilien 2008.

Vincent Twomey, Der Papst, die Pille und die Krise der Moral, Augsburg 2008.
(Erscheint im Oktober 2008 im Sankt Ulrich Verlag.)

Christopher West, Theologie des Leibes für Anfänger. Einführung in die sexuelle Revolution nach Papst Johannes Paul II., Kisslegg 2005.